KB246042

목표공약
3장

목표공약 3장

2008년 7월 20일 초판 1쇄 발행

지은이 · 류랑도 | 발행인 · 박시형
책임편집 · 이다희 | 디자인 · 백주영 | 사업관리 · 조경일, 이연정, 김이령
마케팅 · 장건태, 권금숙, 김명래, 김석원, 김영민
발행처 · (주)에스에이엠티유 | 출판신고 · 2006년 9월 25일 제313-2006-000210호
주소 · 서울시 마포구 동교동 203-2 신원빌딩 2층
전화 · 02-324-0255 | 팩스 · 02-324-0149 | 이메일 · info@smpk.co.kr

• 쌤앤파커스는 (주)에스에이엠티유 미디어 사업본부의 출판 브랜드입니다.
• 잘못된 책은 바꾸어 드립니다.   • 책값은 뒤표지에 있습니다.

쌤앤파커스(Sam&Parkers)는 독자 여러분의 책에 관한 아이디어와 원고 투고를 설레는 마음으로 기다리
고 있습니다. 책으로 엮기를 원하는 아이디어가 있으신 분은 이메일 book@smpk.co.kr로 간단한 개요와
취지, 연락처 등을 보내주세요. 머뭇거리지 말고 문을 두드리세요. 길이 열립니다.

일단 시작만 하면
무조건 이루어지는

목표공약 3장

| 류랑도 지음 |

쌤앤파커스

CONTENTS

더 이상 의지를
탓하지 말라

> 당신이 목표로 하는 것들을 기록하지 않는다면, 당신은
> 뿌려지지 않은 씨만을 가진 것이다. 두렵거나 게으름 때
> 문에 목표가 없거나 희미한 목표를 가진 사람은, 작은 일
> 도 이룩하기 어렵다. 뜻을 세운다는 것은, 목표를 선택하
> 고 그 목표에 도달할 행동 과정을 결정하는 것이다. 결정
> 한 다음에는 목표에 도달할 때까지 결정한 행동을 계속
> 해야 한다. 중요한 것은 행동이다.
>
> −마이클 핸슨

같은 학교에 다니는 세 친구가 있었습니다. 셋은 성적도
고만고만, 집안도 고만고만, 재능도 고만고만했습니다. 그
러니 서로에게 열등감이나 경쟁의식을 느낄 일이 없어서, 항

상 뭉쳐 다녔습니다.

세 사람은 비슷한 수준의 대학에 진학했고, 비슷한 수준의 기업에 입사했습니다. 직장생활로 바쁘게 지내는 시간이 많아지면서 세 사람은 예전처럼 자주 만날 수 없게 되었고, 서로의 소식도 제대로 모른 채 지내게 되었습니다.

오랜 세월이 흐른 후, 세 사람이 한자리에 모이게 되었습니다. 첫 번째 친구는 평범한 삶을 살고 있었습니다. 그 나이에 맞는 직급, 그 나이에 맞는 연봉, 그 나이에 맞는 집을 가지고 있었습니다. 하지만 불룩한 아랫배, 둥글둥글해진 얼굴, 넓어진 이마 등 외모 상으로는 다른 두 사람과 친구라는 것이 믿기지 않을 만큼 변해 있었습니다. 이 친구의 입에서는 회사에 대한 불만만 끊임없이 터져 나왔습니다. 잦은 야근, 오르지 않는 연봉, 산더미 같은 일, 까다로운 상사, 말 안 듣는 부하직원, 잔소리만 하는 아내, 말썽 부리는 자녀들……. 휴가다운 휴가를 가본 게 언제인지도 모르겠다며, 사는 것이 지겹다는 소리를 늘어놓았습니다.

두 번째 친구도 그 나이에 맞는 직급과 연봉을 가진 평범한 삶을 살고 있었지만, 첫 번째 친구처럼 겉모습이 많이 변하지는 않았습니다. 자신의 분야에서 한두 가지 자격증을 가지고 있었고, 부인과 자녀와 함께 아주 행복하지는 않아도 그렇다고 불행하지도 않은 삶을 살고 있었습니다. 조만간 승진을 하게 될 것 같다고 소식을 전하던 그는, "때론 지겨울 때도 있지만, 그래도 이렇게 남들처럼 소박하게 사는 것이 행복인 것 같아."라고 말했습니다.

그런데 세 번째 친구의 명함을 확인하는 순간, 나머지 두 친구는 까무러칠 만큼 놀랐습니다. 그는 자신들보다 무려 두 단계나 높은 직급을 가지고 있었을 뿐만 아니라, 그들과 비교조차 할 수 없는 어마어마한 연봉을 받고 있었습니다. 그는 자신이 하는 일에 대단한 자부심을 가지고 있었고, 아무리 바빠도 일주일에 두세 번은 일찍 퇴근해 가족들과 시간을 보내고 있었습니다. 또한 주말마다 아내와 함께 레포츠를 꾸준히 즐긴 덕분에 청년 시절의 체력을 지금도 유지하고 있었고, 아내와 대화하는 시간이 많아지면서 신혼 때에는 느끼지 못했던 또 다른 즐거움을 느끼고 있다고 했습니다. 그는, 누가 보아도 일과 가정에서 모두 성공한 사람이었습니다.

두 친구는 비결을 물었습니다. 대학을 졸업하고 취업할 때까지만 해도 자신들과 전혀 다를 것이 없던 그 친구가, 대체 무슨 수로 일에서의 성공과 가정에서의 행복을 모두 움켜쥐

게 되었는지…….

그런데 이 친구의 대답은 아주 간단했습니다. 뭔가를 해야겠다는 필요성을 느꼈을 때, 당장 그날 목표를 세우고 실천했다는 것입니다. 입사 후, 자신보다 뛰어난 동기들을 보고 자극을 받아 곧바로 자기계발 계획을 세웠고, 직원 야유회에서 체력의 한계를 느껴 운동을 시작했고, 아내와 심한 말다툼을 하고 나서 바로 다음 날 미안하다는 말을 건넸고, 아이들이 자신을 대하는 것이 예전과 다르다는 것을 느끼고 곧바로 아이들과 진지한 대화를 했다는 것이었습니다.

그 말을 듣고 두 번째 친구의 머릿속에 뭔가가 떠올랐습니다. 생각해보니 자신은 항상 '내일부터'라는 말을 입에 달고 살았던 것입니다. 심각한 필요성을 느낄 땐 그날 당장 시행에 옮기기도 했지만, 급하지 않은 것들은 웬만하면 내일로 미루었던 기억이 떠올랐습니다.

첫 번째 친구 역시 항상 월요일부터, 혹은 1일부터 하겠다고 해야 할 일을 미루기만 했던 것이 떠올랐습니다. 사정이 생겨 1일에 시작하지 못했을 때는 다음 주 월요일을 기다렸고, 월요일을 놓치고 나면 다음 달부터 하지, 라고 생각하면서 계속 시간을 보냈던 것입니다.

누구나 성공을 꿈꿉니다. 자기 분야에서 최고가 되어 사람들의 존경과 부러움을 한 몸에 받고, 어마어마한 돈을 벌어 가족과 화목하고 풍족하게 살고 싶어 합니다. 그래서 많은 사람들이 밤하늘의 별처럼 커다랗고 화려한 목표를 세우고, 굳은 결심을 하고, 전력질주를 합니다. 빡빡한 체크리스트를 수시로 들여다보고, 실천한 항목은 빨간 펜으로 죽죽 그으며 스스로를 대견하게 여기기도 합니다.

우리는 원하는 목표를 실현시킨 자신의 모습을 상상할 때 온몸이 희열에 젖는 것을 느낄 수 있습니다. 그래서 목표가 있는 삶은 행복합니다. 구체적이고 뚜렷한 목표가 있는 사람은, 아무리 커다란 시련 앞에서도 넘어지지 않습니다. 오히려 "덤벼라, 세상아!" 하며 더 큰 힘과 의지로 이 시련을 뛰어넘고자 노력합니다. 누가 봐도 불가능한 신체구조와 조건을 가진 사람이 기적 같은 일을 실현하는 경우를 우리는 얼마든지 보아왔습니다.

대체 목표가 무엇이기에 이런 일을 가능하게 하는 것일까요? 다음 두 가지 실험이 이 질문에 대한 답을 해주고 있습니다.

1953년, 미국에서 한 가지 조사를 했습니다. 예일대 졸업생들에게 "당신은 인생의 목표를 가지고 있습니까?"라고 물었더니 60%는 '간단한 목표를 가지고 있다.', 27%는 '별다른 목표가 없다.', 10%는 '기록은 하지 않았지만 명확한 목표가 있다.', 3%는 '구체적인 목표를 글로 적어두었다.'라고 대답했습니다. 25년 뒤인 1978년, 이들의 생활실태와 수입을 다시 조사한 결과, 명확하고 구체적인 목표가 있었던 10%는 상류층으로 전문직에 종사하고 있었고, 간단한 목표가 있었던 60%는 평범하게 살고 있었습니다. 놀라운 것은, 구체적인 목표가 있었던 10% 가운데 3%는 사회 지도층이 되어, 나머지 97%가 벌어들이는 수입보다 훨씬 더 많은 수입을 벌어들이고 있었다는 사실입니다.

1970년, 하버드 MBA 졸업생들에게도 같은 질문을 했습니다. "당신은 인생의 목표를 가지고 있습니까?" 10년 뒤인 1980년에 이들의 생활실태와 수입을 조사했더니, 앞선 실험에서와 같은 결과가 나왔습니다. 목표는 있되 기록하지 않았던 13%는 특별한 목표가 없었던 84%보다 평균 2배의 수입을 벌어들이고 있었고, 자신의 목표와 단계별 계획을 꾸준히 기록했던 3%는 나머지 97%보다 10배나 많은 수입을 얻고 있었다고 합니다.

이 조사 결과를 보면서 여러분은 어떤 생각을 하셨습니까?

사실, 거의 모든 사람들이 해마다 목표를 세웁니다. 11월만 되면 다이어리를 구입하고, 목표를 세우고, 그 목표를 실현하기 위해 온갖 리스트를 작성하지요. 그래서인지 해마다 1월 2일에는 영어학원이나 헬스클럽에 새벽부터 사람들이 넘쳐납니다. 그러나 연말까지 그 계획을 꾸준히 실행하는 사람은 거의 없습니다. 아니, 연말까지 갈 것도 없습니다. 당장 설날만 되어도 '이번 명절까지만 실컷 먹고 다이어트 해야지.', '신학기는 3월부터 시작되니까 3월부터 다시 계획을 세워야지.' 하며 흐트러지기 일쑤입니다. 이런 과정이 반복되면서 사람들은 어느새 목표를 잊게 되고, 스스로를 '의지박약'이라고 자책합니다. 그리고 내년을 기다리지요.

여러분은 목표가 있습니까? 여러분의 내년 목표는 무엇입니까? 올해 안에 달성할 목표는 무엇입니까? 올 초에 세운 계획은 잘 진행하고 계십니까?

'내년이라고? 아직 여름인데 내년 목표를 벌써 세워?' 하며 고개를 갸웃하는 분들, '난 목표 같은 거 안 세우는데?' 라고 생각하시는 분들도 있을 것입니다. 물론 '목표? 당연히 있지!'라고 자신 있게 대답하신 분들도 있을 테지요.

목표가 있다고 생각하신 분들, 여러분은 그 목표를 달성하기 위해 어떤 계획을 세우셨습니까? 그 계획을 잘 실천하고 계십니까? 잘 실천하고 있다면, 지금까지 해온 대로만 하면 그 목표가 제날짜까지 실현될 수 있나요?

우리 주변에는 목표를 세우고 실천하다가, 얼마 지나지 않아 쉽게 포기하는 사람들이 태반입니다.

왜 이런 일이 반복되는 것일까요? 대부분 사람들은 '의지가 약해서'라고 생각합니다. 과연 의지가 약하기 때문일까요? 그렇다면, 의지만 강하면 무엇이든 이룰 수 있을까요? 다이어트에 성공하고, 수십 년간 마시고 피워온 술과 담배를 끊고, 열 개가 넘는 자격증을 딴 사람들은 특별한 사람들일까요? 그들은 우리와 다른, '불굴의 의지력'을 갖춘 축복받은 유전자를 타고났기 때문에 성공한 것일까요?

아닙니다. 그들도 우리처럼 평범한 사람입니다. 다만 방법이 달랐던 것입니다. 무조건 책상 앞에 오래 앉아 있다고 해서 누구나 서울대에 갈 수는 없듯, 그들은 목표를 달성할 수 있는 절대적인 방법을 알고 있었던 것입니다.

인생도 마찬가지입니다. 자신이 어디로 가고 있는지, 목적지가 어디인지 분명히 정하고 한발 한발 내디뎌야 합니다. 가다 보면 어떻게든 되겠지, 하는 안이한 생각으로는 죽도 밥도 안 됩니다.

혹시 독자들 중에는 1월 1일 새벽에 정동진이나 지리산 천왕봉에서, 떠오르는 해를 바라보며 새해 소원을 비는 분이 있을지도 모르겠습니다. 물론 그것이 나쁘다는 것은 아닙니다. 이글이글 타오르는 장엄한 해를 바라보며 마음을 가다듬고 새로운 결심을 하는 것은 꿈을 이루는 데 있어 좋은 동기가 됩니다. 하지만, 거기서 그친다는 것이 문제입니다. 새해 첫 해돋이를 보면서 '올해는 기필코 몸짱이 되리라.' 결심해놓고 하산하면서 막걸리와 파전을 잔뜩 먹는다면, 과연 그 목표가 이루어질 수 있겠습니까? 별똥별이 떨어질 때 소원을 빌었다고 해서, 봉숭아물을 들인 손톱에 첫눈이 떨어졌다고 해서 꿈이 이루어지고 짝사랑이 결실을 맺는다는 것은 누가 봐도 동화 속 이야기에 불과하다는 것을, 독자 여러분도 알고 계시겠지요?

우리가 매번 목표를 달성하는 데 실패하는 이유, 해마다 같은 목표를 세우고, 얼마 못 가 좌절하고, 다시 똑같은 목표를 세우는 과정을 반복하는 이유는 간단합니다. 여러분은 '의지가 부족해서'라고 생각하시겠지만, 그 이유는 바로 목표를 '경영'하지 않았기 때문입니다.

목표경영이란, 목표를 세우고, 전략을 짜고, 실천계획을 구상함으로써 그 목표를 현실로 이루어내는 모든 과정을 말합니다. 사람들은 일단 어떤 목표를 세우고 나면 '어디 한 번 열심히 해보자.'라는 의욕을 갖게 됩니다. 물론 의욕도 중요합니다. 하지만 전부는 아닙니다. 의지를 탓하기 전에, 목표를 이루기 위한 전략과 실천계획을 철저하게 세우고, 그것을 행동으로 옮기기 위해 노력해야 합니다.

목표를 경영하면, 여러분은 원하는 모든 것을 이룰 수 있습니다. 목표경영에는 목표를 향해 계속 나아가게 하는 힘이 있기 때문입니다. 아무리 원대한 목표가 있어도 그 목표를 실현시키는 구체적 전략과 이를 일상에 적용할 수 있는 실천계획이 없다면, 그 목표는 단순한 꿈, 한갓 소망에 불과합니다.

소망과 목표는 엄연히 다릅니다. 소망이 이상이라면 목표는 현실입니다. 자신의 꿈이 그저 뜬구름 잡는 소리, 바람처럼 사라져버릴 일시적인 것이 되길 바라는 사람은 아무도 없습니다. 하지만 아직도 많은 사람들이 소망과 목표를 구별하지 못해, 실천하기 어렵고 모호하기만 한 결심을 하면서 시간을 낭비하고 있습니다.

이효리와 전지현이 부럽지 않은 S라인 몸매, 권상우와 송승헌도 울고 갈 정도의 근육을 갖고 싶습니까? 누구나 가고 싶어 하는 탄탄한 회사에 입사하고 싶습니까? 자격증을 따서 창업하고 싶습니까? 술과 담배에 찌든 생활을 청산하고, 매일 아침마다 활기차게 일어나고 싶습니까? 먼저 여러분의 목표가 무엇인지 정확하게, 그리고 구체적으로 세워보십시오. 그런 다음 즐겁게, 끈질기게 움직이십시오. '목표 → 전략 → 실행계획 = 성공'이라는 공식을 머릿속에 떠올리면서 말이지요.

더 이상 과거에 연연하지 말고, 여러분이 되고 싶은 모습만 생각하십시오. 펀드, 주식, 성형수술을 하는 것도 좋지만 무엇보다 목표경영을 통해 여러분 자신의 가치를 높이는 데 집중해보십시오. 여러분 안에 내재되어 있는 무한한 가치를 믿고, 목표를 경영하면서 여러분의 인생을 재테크해보십시오. 여러분이 항상 꿈꾸던 그 모습이, 반드시 현실로 이루어져 있을 것입니다.

이 책에는 꿈이 이루어지기를 간절히 바라는 네 사람이 등장합니다. 매번 목표를 세우고 심기일전하지만 번번이 실패하는, 그러면서도 이번에는 반드시 달성하겠노라고 굳게 마음을 다지는 뱃살공주, 절대금연, 취업성공, 줌마렐라가 바로 그들입니다. 이들은 '목표달성 클럽'에 가입하면서 인생이 완전히 바뀌는 놀라운 경험을 하게 됩니다.

네 사람은 클럽을 통해 목표경영과 목표관리의 차이를 깨닫고, 목표경영의 중요성을 깨닫습니다. 직접 자신들의 목표를 경영하면서 꿈에 한 걸음씩 다가가는 방법을 터득하는 것이지요. 클럽 운영자이자 네 사람의 코치인 구루(Guru)는 한 사람 한 사람에게 목표를 경영하는 방법을 전수하고, 각자에게 필요한 조언을 아끼지 않습니다. 이를 통해 네 사람은 그동안 자신에게 무엇이 부족했는지, 무엇을 몰라서 항상 같은 목표를 반복해서 세워왔는지, 성공하는 사람들은 어떻게 목표를 세우고 실천해나가는지 발견하게 됩니다. 부록에서는 클럽으로부터 전수받은, 목표를 보다 쉽고 확실하게 경영할 수 있는 일곱 가지 원칙을 소개합니다.

항상 목표를 세우지만 번번이 실패했던 분들, 어떻게 하면 나도 내 꿈을 이루어 성공할 수 있을까 고민하시는 분들에게, 이 책은 망망대해를 헤쳐 나갈 수 있도록 도와주는 나침반 역할을 할 것입니다.

이제부터 이 책의 주인공들과 함께 목표경영에 숨은 놀라운 비밀을 확인하고, 마음껏 즐기시길 바랍니다. 여러분에게 더 이상 '실패하는 목표'는 없을 것입니다. 목표경영은 여러분이 성공을, 신바람 나는 삶을 마음껏 즐길 수 있도록 도와줄 것입니다. 독자 여러분 모두 자신이 원하는 삶을 사시기를 기원합니다.

안국동에서 올 여름의 목표를 구상하며
류랑도

대한민국 대표 CEO의 나의 목표, 나의 꿈

- 나의 좌우명은 항상 현재에 안주하지 말고 높은 목표를 설정하는 것이다. 도전하지 않는 것이야말로 진짜 실패다. – 이상운 효성그룹 부회장

- 나는 시급 3달러짜리 세븐일레븐 야간 아르바이트생이었다. 그런 내가 CEO가 될 수 있었던 것은, 모두가 불가능할 것이라고 지레짐작해 시도하지 않았던 일을 치밀하게 준비한 덕분이다.
  – 정진구 CJ 푸드빌 사장

- 1995년, 삼성의 무선전화기 품질에 문제가 있다는 보고를 받고, 시중에 유통되고 있는 500억 원 상당의 무선전화기 15만 대를 불태웠다. 애니콜을 세계 최고로 만들겠다는 목표가 없었다면, 오늘날의 애니콜 역시 없었을 것이다.　　　　　　　– 이기태 삼성전자 사장

- 어차피 사람의 능력이란 다 비슷하다. 문제는 자신의 목표에 얼마나 집중할 수 있느냐이다.　　　　　　　– 김신배 SK텔레콤 사장

- 신입사원 시절, 포항 바닷가에서 3개월 동안 거센 바람을 맞으며 그곳에 쇳물을 뽑아내는 공장을 짓고야 말겠다는 의지를 불태웠다.
  – 이구택 포스코 회장

- 나의 목표는 '미국의 자동차 왕' 헨리 포드 같은 위대한 엔지니어가 되는 것이었다.　　　　　　　– 김동진 현대자동차 부회장

- 학창시절, 야산에 천막을 치고 살면서 아이스케키를 팔아 학비를 벌었지만, 그 시절이 창피하지 않다. 내 목표를 향한, 절대 꺾이지 않는 노력과 분투가 자랑스러울 뿐이다.　　　　　　　– 오세철 금호타이어 사장

• 나는 격납고에서 기름칠을 하면서 항공사 CEO라는 목표를 세웠다. 한 순간도 그 목표를 잊은 적이 없다.　－이종희 대한항공 총괄사장

• 목표를 세우는 데 있어 나이의 많고 적음은 전혀 문제되지 않는다. 나는 예순다섯이라는 나이에도, 한국석유공사를 10년 내에 세계적 메이저 회사의 반열에 올려놓을 계획을 세웠다.　－황두열 한국석유공사 사장

• 나의 꿈은 과자를 통해 아이들에게 꿈과 희망을 주는 것이었다. 과자를 단순한 소비재가 아니라 고객들에게 꿈을 선사하는 매개체를 만드는 것, 그것만이 젊은 시절 나의 목표였다.　－윤영달 크라운·해태제과 사장

• 어느 회사나 처음 입사하면 잡일을 도맡게 된다. 이때 '내 꿈은 CEO인데 고작 이런 일이나 하다니.'라는 생각을 하는 사람은 오래가지 못한다. CEO가 된 대부분 사람들은, 젊은 시절 무엇이든 배우겠다는 자세로 주어진 일에 충실했다는 것을 명심하라.
　－구학서 신세계 부회장

• 나는 대학생 시절부터 한국 자본시장에 뭔가 의미 있는 일을 하는 사람이 되고 싶었고, 이 꿈은 미래에셋을 통해 현실이 되었다.
　－박현주 미래에셋 회장

• 컴퓨터를 하면서 느끼던 자부심과 성취감은 의대에서 느낄 수 없는 것이었다. 14년간 해온 의학을 포기할 수 있었던 것도, 내가 좋아하고 잘할 수 있는 일을 하고 싶었기 때문이다. 나의 목표는 오로지 컴퓨터와 관련된 것들뿐이었다.　－안철수 안철수연구소 이사회 의장

• 가난으로 인해 상고를 졸업했지만, 한 번도 내 학력을 부끄러워한 적이 없다. 현실이 힘들더라도 절대로 포기하지 말라. 준비하고 있으면 기회는 반드시 온다.　－김효준 BMW코리아 사장

대한민국 평균 4인방, 클럽에 집결하다

목적 없이 존재하는 것은 아무것도 없다.

'타닥타닥, 딸깍딸깍.'

컴퓨터 키보드를 두드리는 소리와 마우스를 클릭하는 소리가 번갈아가며 들려온다. 컴퓨터가 놓인 한쪽 벽 위에는 하얀 종이가 붙어 있고, 거기에는 '살 빼자!'라는 문구가 커다랗게 적혀 있다.

이곳은 직장생활 6년차에 접어든 커리어우먼 '뱃살공주'의 방. 그녀는 편안한 트레이닝복 차림으로 컴퓨터 앞에 앉아 이리저리 인터넷 서핑을 하고 있다.

'부스럭부스럭.'

마우스 소리와 키보드 소리 사이사이에 과자봉지를 뒤적이는 소리가 불협화음처럼 들려온다. 오늘도 어김없이 찾아온 군것질의 유혹 앞에서 무릎을 꿇고 말았다.

'밤 9시가 넘었는데……. 딱 열 개만 먹자. 열 개만 먹으면 살이 별로 안 찔 거야. 오늘은 저녁도 조금만 먹었고, 열 개는 칼로리도 얼마 안 되니까. 내일은 일요일이니까 하루 종일 집에서 운동하면 되지, 뭐.'

스스로를 안심시키며 과자를 입 안에 넣었다. 달콤 짭짤한 맛에, 어느새 얼굴에는 행복한 미소가 번졌다.

일주일 전, 그녀는 친한 친구를 만난 자리에서 귀가 솔깃한 정보를 들었다. 인터넷에서 비공개로 운영되는 클럽이 있는데, 그 클럽에서 시키는 대로 열심히 따라 하기만 하면, 어떤 목표든지 달성할 수 있다는 것이다.

"야, 웃기지 마. 세상에 그런 클럽이 어디 있니? 그 클럽에 가입하면 무슨 알라딘의 요술램프라도 준대?"

"그게 아니라니깐. 말하자면 일종의 경영 아카데미 같은 곳인데, 워낙 체계적으로 알려준대. 거기서 코치로 활동하는 사람들이 다들 보통이 아니라더라. 예전에는 일반 동호회처럼 활동했는데, 조금씩 유명해지면서 사람들이 많이 몰리니까 일부러 비공개 클럽으로 전환한 거래. 그래서 회원도 아무나 안 뽑고, 무슨 테스트 같은 걸 실시해서 소수정예로 선발한다더라.”

“너 혹시 이상한 데 빠진 거 아냐? 상식적으로 생각을 해 봐. 그 클럽인지 뭔지를 운영하는 사람들이 봉사 못 해서 한 맺힌 사람들도 아닐 텐데, 뭐가 아쉬워서 돈 한 푼 안 받고 그런 클럽을 운영하겠니? 게다가 정말 그렇게 전문적인 노하우를 알려준다면 그 사람들도 보나마나 그 분야의 전문가일 거 아냐? 공부도 많이 한 사람들일 거고, 그러면 적어도 몇 년은 자기 시간과 돈을 투자했을 거 아냐? 세상에 공짜는 없는 법이야. 내 생각에, 거긴 무슨 다단계나 사이비 종교집단 같은 곳일 거야. 네가 워낙 순진해서 이상한 사람들에게 속은 것 같아.”

“아이 참, 아니래도! 내 입사동기 하나도 거기 가입하고 나서 몇 달이 넘게 클럽에서 뭘 배운다, 주말에는 또 뭘 한다고 유난을 떨더니, 결국 국립극단 오디션에 붙어서 회사 그만두고 거기 들어갔어. 걔 꿈이 원래 연극배우였는데 집안 사정 때문에 일찌감치 포기했었거든. 상식적으로 생각하면, 나이 서른에 연기 전공자도 아닌 사람이 국립극단 오디션에 합격하는 게 더 말이 안 되지. 합격 확인하고 나서 그동기가 얼마나 좋아하면서 날뛰던지……. 절대 이상한 데가 아니라니깐? 우리가 20년이 넘게 친군데, 아무려면 내가 너한테 이상한 곳을 소개하겠니?"

"그래? 흠……. 그런데 난 아무리 생각해도 이상해. 일단 어떤 목표든 다 달성할 수 있게 해준다는 게 말이 안 되잖아. 사람들마다 꿈이 모두 다른데, 대체 그걸 무슨 수로 실현시켜준다는 거야? 클럽 규모도 별로 안 크다며? 분야마다 전문가가 있는 것도 아닐 텐데."

"무슨 요술처럼 소원을 그냥 들어주는 게 아니라, 목표를 실현할 수 있는 방법을 알려주는 곳이래. 내 생각엔 교육 전문가들이나 경영 컨설턴트들이 운영하는 클럽이 아닐까 싶은데, 아무튼 이상한 곳은 절대 아니니까 일단 시도라도 해봐. 비공개이긴 해도 온라인에서는 은근히 유명해서 가입하기가 그렇게 쉽지만은 않대. 기수별로 딱 네 명씩만 뽑는다고 하더라. 나도 알아볼 만큼 알아보고 권하는 거라니깐."

의문은 여전히 남아 있었지만 친구가 워낙 강력하게 권유하는 바람에, 닷새 전 그 클럽을 찾아 운영진에게 회원가입 신청 쪽지를 발송했다. 클럽명은 '목표달성 클럽'. 경쟁이 치열하다고 해서 별로 기대는 하지 않았지만, 그래도 가입 신청을 하고 보니 '한번 해볼까?' 하는 마음이 생겼다.

뱃살공주의 목표는, 금연과 더불어 온 국민의 목표이자 모든 여자들의 희망사항인 다이어트다. 직장생활을 하고 나서 500g, 1kg씩 슬금슬금 불어나는 살을 방치했더니, 어느새 77 사이즈 몸이 되고 만 것이다.

굶기, 원 푸드 다이어트, 비만치료, 단식, 신문이나 잡지 광고에 나오는 다이어트 식품이며 연예인들이 한다는 다이어트까지, 안 먹고 안 해본 것이 없었다. 홈쇼핑으로 구입한 운동기구도 한두 개가 아니었다. 하지만 매번 도중에 포기하게 되었고 살은 전보다 더 불어났다. 결국 '에라, 모르겠다.' 하는 심정으로 자포자기하는 상황에 이르자, 이를 보다 못한 친구가 클럽을 소개해준 것이다.

들은 대로, 클럽 가입은 쉽지 않았다. 가입 신청을 한 다음 날부터 나흘에 걸쳐, 클럽에서 제시하는 각종 과제를 하루도 빠짐없이 해서 이메일로 제출해야 했다. 과제 자체는 그리 어렵지 않았지만, 제대로 하려면 시간과 정성을 많이 들여야 했다. 과제 내용은 주로 '자신의 미션이 무엇이며, 왜 이 클럽에 가입하고 싶은가? 클럽을 통해 무엇을 얻고 싶은가?', '지금까지 살면서 달성한 목표 중 가장 기억에 남는 것은 무엇이며, 그 목표를 달성할 수 있었던 이유는 무엇인가?', '가장 참담하게 실패한 목표와 그 이유는 무엇인가? 그 실패를 통해 무엇을 깨달았는가?', '올해 초에 세운 목표는 무엇이고 지금 어느 정도까지 달성했는가?', '앞으로 남은 인생에서 반드시 이루고 싶은 꿈이 있다면 무엇인가?' 하는 것들이었다. 이왕 시간을 들여서 하는 거라면 제대로 해보자는 생각에 취업을 준비하던 시절 입사지원서를 쓰듯 정성껏 작성했고, 오늘은 그 결과가 발표되는 날이었다.

메일함을 열어 스팸 메일을 삭제하던 그녀의 눈에 낯선 이메일이 들어왔다. 스팸 메일이 아닌 것 같아 열어보니, 놀랍게도 클럽 운영자가 보낸 것이었다. 메일에는 클럽 가입을 승인한다는 말과 함께, 클럽에 가입 인사를 남겨달라는 내용이 적혀 있었다.

'우와, 나 여기 붙은 거야? 설마 했는데 진짜로 됐네. 하여간 로또 같은 건 죽어라 해도 안 되면서 이런 별 영양가 없는 것들은 잘도 걸린다니까. 그래도 돈 드는 건 아니니까 일단 한번 해보자. 무슨 정보를 얼마나 잘 알려주는지는 모르겠지만.'

일단 클럽에 접속해 몇몇 게시판을 자세하게 둘러보았다. '공지사항' 게시판을 클릭하니 클럽을 소개하는 글이 있었다.

 공지 우리 클럽을 소개합니다~

게시자 구루

안녕하세요? 목표달성 클럽 7기 회원 여러분. 우리 클럽에 가입하게 된 것을 진심으로 환영합니다. 저는 클럽 운영자이자, 7기 여러분이 앞으로 어떤 목표든지 달성할 수 있도록 도와드릴 코치 구루입니다.

목표경영. 이 말이 꽤 생소하게 들리시지요? 여러분은 아마 목표를 세운다는 말은 들어봤어도, 경영한다는 말은 처음 들어보셨을 것입니다.

우리 클럽은 뚜렷한 목표 없이 앞으로 무엇을 하면서 살아야 하나 고민하시는 분들, 목표는 있지만 항상 작심삼일로 끝나버리는 분들, '난 의지가 부족해서 뭘 해도 안 돼.'

라고 자포자기하신 분들을 위한 곳이며, 저희는 이런 분들에게 목표를 정확하게 세우고, 이를 달성하는 방법을 전수해드리고 있습니다.

우리 클럽은 회원들이 다른 사람의 시선을 의식하지 않고 자신의 단점과 약점을 충실히 보완할 수 있도록, 또한 회원 한 사람 한 사람에게 체계적으로 멘토링 할 수 있도록 비공개로 운영하고 있습니다. 회원을 많이 가입시키지 않는 것도 이러한 이유 때문입니다. 또한 구체적인 실천계획을 모두 세우고 행동으로 옮기기 전까지는 공식적인 오프라인 모임을 갖지 않는 것을 원칙으로 하고 있습니다.

우리 클럽을 통해 정해진 기간 내에 목표를 달성한 회원들은 '새로운 시작'에 이름과 사진을 올리게 됩니다. 그리고 활동 중인 회원 모두가 '새로운 시작'에 이름을 올려야, 다음 기수를 모집하게 됩니다. 7기 회원 여러분이 우리 클럽에 가입했다는 것은, 여러분의 앞 기수인 6기 회원들이 모두 목표를 달성하고 '새로운 시작'에 이름을 올렸다는 뜻이기도 합니다.

목표달성 클럽 7기 회원이 되신 뱃살공주 님, 절대금연 님, 줌마렐라 님, 취업성공 님은 앞으로 이 클럽을 통해 어떤 목표라도 달성할 수 있는 방법을 알게 될 것입니다. 이 글을 읽으신 분은 자기소개 게시판에 가입 인사와 자신의 목표를 밝혀주세요. 앞으로 제가 전해드리는 노하우를 익히면서 열심히 따라 하시다 보면, 여러분도 목표를 '경영'하실 수 있게 되고, 어느새 원하는 꿈을 이룬 자신의 모습도 발견하게 될 것입니다.

게시판은 매주 일요일에 업데이트됩니다. 첫 게시물은 내일 올릴 테니 저녁에 꼭 확인하시기 바랍니다. 물론 게시물은 시간이 있을 때마다 수시로 읽어보셔도 됩니다. 다만, 각자 다른 목표를 가진 분들이 모여 함께 목표를 이루어가는 클럽인 만큼, 과제가 주어지면 제가 부탁드리는 날짜까지 반드시 수행해주시기 바랍니다. 네 분 모두 '새로운 시작'에 이름을 올릴 수 있게 되기를 바랍니다.

'목표를 경영하라고? 처음 듣는 말이긴 한데 그렇게 낯설지는 않네. 나까지 네 명이 가입했구나. 다른 사람들은 무슨 목표가 있어서 가입한 거지? 그나저나 여기, 왠지 거창한 조직 같은 분위기가 느껴지는 걸?'

'공지사항' 아래에 있는 '자기소개' 게시판을 클릭해보니, 다른 세 사람이 쓴 글이 벌써 올라와 있었다. 먼저 '취업성공'이라는 사람이 쓴 첫 번째 글을 읽어보았다.

 소개 '88만 원 세대' 백수, 지금 막 가입했습니다~
게시자 취업성공

안녕하세요. 저는 지난 2월에 대학을 졸업하고 지금은 한창 취업 준비중인 백수입니다. 좋은 클럽에서 활동할 수 있게 되어 무척이나 기쁩니다. 같은 과 선배가 이 클럽을 통해 취업에 성공했는데, 그 선배의 추천으로 클럽을 알게 되어 이렇게 가입하게 됐습니다.

친구들은 하나둘 취업에 성공해서 사회인이 되어가는데, 저는 아직 신세가 신세인지라 하루 종일 집과 도서관만 왔다 갔다 하고 있습니다. 사실 오늘 한 군데 면접을 보고 왔는데, 왠지 안 될 것 같은 불안한 마음이 들어서 초조하네요.

저는 작년 가을, 그러니까 4학년 2학기부터 본격적으로 취업을 준비했습니다. 채용공고를 내는 회사가 있으면 한 군데도 빠뜨리지 않고 이력서를 제출했고, 친구들이 지원하는 곳이 있으면 무슨 회사인지도 모르면서 따라서 지원하기도 했습니다. 취업은 해야겠는데 제가 뭘 잘하는지, 뭘 하고 싶은지도 모르겠고, 그러다 보니 남들이 지원하는 곳에 저도 따라서 지원하는 '무개념 취업준비생'이 되어버렸어요. 솔직히 말씀드리자면, 여러 군데 지원하다 보면 어디 하나는 걸리겠지, 하는 심정이 크게 작용하는 것 같아요.

시간은 흐르는데 계속 떨어지기만 하니 마음이 점점 초조해집니다. 취업사이트에 이력서를 등록해놓으면 클릭만 해도 입사지원이 되니까, 심지어 어떤 날에는 하루 동안 수십 군데가 넘는 회사에 지원하기도 합니다. 그러다 보니 지금까지 제가 지원한 회사가 몇 군데인지, 연락이 와도 여기가 무슨 회사인지조차 모르겠고, 이게 아니라는 생각은 들지만 스트레스가 너무 심해서인지 차근차근 준비할 마음의 여유도 없는 상황입니다.

계속 이런 식으로 하다가는 영영 취업을 못 하게 될까 봐 너무 걱정이 됩니다. 열정을 가지고 의욕적으로 달려들어도 시원찮을 판에 자꾸 두려움만 앞서고 있으니……. 더 늦기 전에 뭔가 방법을 모색해야 하는데 어떻게 해야 할지 막막하기만 하고, 머리가 너무 복잡해서 터지기 직전입니다.

어떻게 하면 취업에 성공할 수 있을까요? 저 좀 도와주세요.

'취업이라……. 하긴, 나도 4학년 2학기 때는 만날 취업 지원실을 들락날락했지. 왠지 남의 일 같지가 않네. 이 친구, 참 절박한 심정이겠다. 잘 됐으면 좋겠네.'

다른 두 사람이 쓴 글도 읽어보았다. 한 사람은 '줌마렐라'라는 아이디를 가진 전업주부, 다른 한 사람은 '절대금연'이라는 아이디를 가진 남성 직장인이었다.

 소개 안녕하세요, 얼짱몸짱 아줌마입니다.

게시자 줌마렐라

안녕하세요. 저는 결혼 10년차 주부입니다.

저는 지난 10년간 아이 낳고 기르느라, 육아와 가사 외의 다른 일에는 신경 쓸 겨를이 없이 바쁘게 살아왔습니다.

남편은 직장에 다니는데, 여느 직장인들이 그렇듯이 평일에는 얼굴 한 번 보기가 힘들 정도로 회사에 매여 있습니다.

곧 승진 시기가 다가와서인지, 요즘은 매일 새벽에 출근해서 밤늦게 들어오기 일쑤입니다. 주말에 아이가 놀아달라고 칭얼대도 피곤하다며 종일 잠만 자는데, 처자식 먹여 살리느라 하루 종일 회사에서 온갖 스트레스 받아가며 일하는 것이 안쓰러워 잔소리도 못 하겠습니다. 이런 생활이 반복되다 보니 부부 사이의 대화는 물론이고, 가족이 마지막으로 한자리에 모인 것이 언제인지도 모르겠네요. 아이도 아빠에게 점점 거리감을 두는 것 같고요.

저는 저대로, 남편은 남편대로 그렇게 정신없이 살다 보니, 어느 순간 '지금 내가 뭘 하고 있나?' 하는 회의가 들기 시작했습니다. 그동안 가족을 위해 누구보다 열심히 살아왔다고 생각했는데 우리 가정은 별로 행복한 것 같지도 않고, 저와 남편이 부부인지 동거인인지, 남편은 과연 저와 아이에게 얼마나 애정을 가지고 있는지 모든 것이 혼란스럽기만 합니다.

무엇보다 지난 10년간 누구의 엄마, 누구의 아내로만 살아오면서 저 자신을 잃어버린 것이 너무나 안타깝고 후회됩니다. 제가 결혼을 일찍 한 편인데, 아직 미혼인 친구들을 만나보면 저마다 직장에서 한 자리씩 차지하고 앉아 인정받으면서 일하고, 취미생활도 열심히 하면서 여유롭게 지내고 있어서, 너무 부럽습니다. 결혼한 친구들 중에도 뭔가 배우거나 자신을 열심히 가꾸는 친구들이 많은데, 그 친구들과 함께 있으면 저 자신이 부엌데기처럼 초라하게 느껴집니다. 그러다 보니 친구들을 만나도 속만 상하고 제 인생이 허무하더라고요. 남편의 회사 일에 대해서는 아는 게 없으니 뭘 도와줘야 할지도 모르겠고, 그저 아이라도 잘 키워야지 하는 마음, 우리 집 아이가 다른 집 아이들보다 뒤처지면 안 된다는 마음 하나로 지금껏 아등바등 살아왔나 봅니다.

이러다간 우울증에 걸릴 것 같아, 더 늦기 전에 저 자신을 위해 뭔가 하나라도 배워야겠다는 생각을 하게 됐고, 제가 제일 좋아하고 자신 있는 제과제빵 일이 적합하겠다는 결론을 내렸습니다. 일단 제과제빵 자격증을 따서, 나도 뭔가 할 수 있다는 자신감을 갖고 싶습니다. 무엇보다 아이에게 직접 간식을 만들어줄 수 있고, 빵이라면 자다가도 벌떡 일어나는 남편도 좋아할 것 같고요. 나중에 봉사활동도 하고 기회가 된다면 취업도 하고 싶고……. 글을 쓰면서도 이것저것 하고 싶은 일들이 계속 떠오르네요.

사실 말이 쉽지, 10년 동안 집에만 있던 아줌마가 살림을 도맡아 하면서 자격증까지 딴다는 게, 말처럼 쉽지는 않을 거라고 생각합니다. 그래서 이 클럽의 도움이 절실히 필요합니다. 무엇부터 준비해야 하는지, 어떻게 하면 되는지 많이 가르쳐주시면 감사하겠습니다.

 소개 이번에는 진짜 담배 좀 끊어보렵니다.

게시자 절대금연

안녕하십니까? 저는 올해 46세인 대한민국의 평범한 가장입니다.

저는 얼마 전에 절친한 회사 동료가 폐암 말기로 입원하는 모습을 보고, 이번만큼은 꼭 금연에 성공해야겠다 싶어서 이렇게 가입하게 되었습니다. 어디 도움 받을 만한 곳이 없나 찾다가 마침 지인이 이 클럽에서 가르쳐준 대로 해서 금연에 성공했다고 추천해주었습니다.

남자 직장인들이 다 그렇듯이 저 또한 과도한 업무와 야근으로 인한 스트레스를 풀기 위해 담배를 즐겨 피웁니다. 기분 좋은 일이 있으면 기념으로 한 대, 식사하고 나서 소화시킨다고 한 대, 화장실 가기 전에 한 대……

며칠 전, 잠깐 머리를 식히면서 업무를 점검해볼까 해서 회사 건물 내에 있는 야외 휴게실에 갔었습니다. 그런데 다른 부서에서 근무하는 동료가 먼저 나와 있다가, 저를 보고 다가와서 충격적인 소식을 전해주었습니다. 얼마 전까지만 해도 휴게실에서 자주 마주쳤던 동료가 며칠째 안 보인다 싶었는데, 그 친구가 폐암 말기로 입원했다는 겁니다.

폐암 말기……. 너무 갑작스런 소식에 깜짝 놀라서 아무 말도 할 수가 없었습니다. 저는 그런 일은 뉴스에서나 나오는 줄 알았습니다. 저나, 제 주변 사람과는 아무 상관없는 일이라 여겨왔으니까요. 멀게만 느껴졌던 이야기가 제 동료의 이야기가 될 줄이야…….

그날 퇴근 후에 다른 동료들과 함께 그 친구 병문안을 갔습니다. 그런데 며칠 사이 눈에 띄게 수척해진 그를 보고 모두들 할 말을 잃었습니다. 얼굴색도 많이 어두워졌고 모든 의욕을 상실한 사람처럼 보였습니다. 다들 어떤 말을 해야 할지 몰라 분위기는 한없이 어색했고, 얼른 나으라는 말을 하기도 미안하더군요. 아직 쉰도 안 된, 그야말로 한창 때인데…….

퇴근하는 발걸음이 너무 무거웠습니다. 그런데 저도 모르게 한숨을 내쉬며 담배를 꺼내 물려던 순간 '아차' 하며 정신이 번쩍 들었지요. 조금 전에 본, 병실에 누워 있던 동료의 모습과 그 가족들의 얼굴도 차례차례 떠올랐습니다. 그들을 생각하니 이번에는 정말 금연을 해야겠다는 비장한 각오를 다지게 되었습니다.

이번만큼은 무슨 일이 있어도 꼭 금연에 성공하고 싶습니다. 제 건강을 위해서도, 저를 믿고 의지하며 살아가는 가족들을 위해서도요. 하지만 잘해낼 수 있을까 하는 걱정이 생기는 건 어쩔 수가 없습니다. 한두 번 실패했던 게 아니니까요. 이 클럽에 가입하는 분들은 모두 의지와 각오가 대단하다는 생각이 듭니다. 치열한 경쟁을 뚫고 가입하게 된 만큼, 서로서로 도와가면서 각자의 목표를 꼭 이루었으면 좋겠습니다.

'우리 아빠도 이런 데 좀 가입시켜드렸으면 좋겠네. 이참에 제발 담배 좀 끊으시도록. 음……. 가만 보니 이 클럽은 일종의 사이버 아카데미 같은 곳이구나. 그런데 여기서 활동하는 코치들, 전문가인 건 맞겠지? 공짜여서 그런지 괜히 의심되네. 아무튼 같이 가입한 사람들도 있으니까 서로 상부상조하면 목표를 달성하는 데 도움은 많이 받을 수 있겠

다. 그럼 나도 글을 한번 남겨볼까?'

문득 벽에 붙어 있는 '살 빼자!'를 올려다보았다.

"앗, 열 개만 먹으려고 했는데 다 먹었잖아! 어휴, 내가 못 살아. 이거 한 봉지를 다 먹으면 칼로리가 얼만데……. 에잇, 짜증나! 내가 하는 일이 만날 그렇지 뭐."

손에 묻은 과자 부스러기를 털고, 그녀도 게시판에 글을 쓰기 시작했다.

 소개 55 사이즈가 아니면 죽음을 달라!
게시자 뱃살공주

안녕하세요. 제가 마지막으로 글을 남기네요.

저는 올해 직장생활 6년차인 커리어우먼입니다. 다들 원대한 목표를 가지고 계시는데, 그에 비해 제 목표는 너무 소박한 것 같아서 약간 민망하네요. 제 목표는 다이어트랍니다. 얼른 남자친구도 사귀고 결혼도 해야 하는데 시간이 지날수록 자꾸 살이 쪄서 걱정이에요. 조금 전에도 딱 열 개만 먹어야지 하고 과자 한 봉지를 싹 다 비웠답니다. 흑흑!

지난 주말에 모처럼 옷장 정리를 했는데, 정장 몇 벌이 옷장 구석에 걸려 있더라고요. 그중 한 벌이 6년 전 어머니께서 취업 축하 기념으로 사주신 것이었는데, 그 옷을 보니 신입사원 시절이 떠올라 살짝 웃음이 났답니다.

혹시나 하는 마음에 입어봤는데, 옷이 허벅지에서 딱 걸려서 더 이상 들어가지 않는 거예요. 마침 옆에 거울이 있었는데, 거울에 비친 제 모습을 보니 한숨만 나오고, 혼자 있는데도 누가 볼까 민망할 정도였어요. 입사할 때만 해도 딱 보기 좋은 몸매였는데, 이제 옷장에 옷은 넘쳐나도 정작 입을 수 있는 옷은 별로 없고, 예쁜 옷을 입어도 맵시가 안 나니 쇼핑하러 가는 것도 싫어지는 처지가 되고 말았지요.

살도 빼야 하고 실적도 올려야 하고, 요즘 신경이 이만저만 날카로운 게 아니랍니다. 이러면서도 한밤중에 과자 한 봉지를 다 먹어치우다니……. 매번 살 빼자, 살 빼자 다짐하는데도 실천하기가 참 힘드네요. 굶기도 많이 해봤고 홈쇼핑에서 운동기구도 사봤지만 그것도 처음 며칠뿐, 지금은 현관 옆에서 먼지만 쌓여가고 있답니다. 솔직히 운동할 시간이 없다는 것도 핑계이긴 하지만요.

마침 친구가 이 클럽을 소개해주어 가입하게 됐습니다. 사실 클럽에 대한 정보가 별로 없던 터라 처음에는 반신반의

했고 별로 기대도 하지 않았는데, 막상 가입하고 보니, 이번에는 정말 독한 마음으로 살을 빼야겠다는 다짐을 하게 됩니다. 여기서 알려주는 대로만 하면 정말 다이어트에 성공할 수 있겠지요? 잘 부탁드립니다.

글을 등록하고 나니, 12월 31일에나 느낄 법한 새로운 의욕과 열정이 생기는 것 같다. 그 의욕은, '새로운 시작'이라는 게시판에 올라온 다른 회원들의 사진과 글을 보니 더 큰 열정으로 변했다. 다이어트, 금연, 취업, 자격증 취득 등 정말 다양한 목표를 달성한 사람들이 하나둘이 아니었다. 악기를 배워 개인 연주회에 클럽 회원들을 초대한 사람, 국토 대장정에 성공한 사람, 평범한 직장인에서 요리사나 소믈리에, 댄스강사 등으로 변신한 사람, 몇 개 외국어를 구사하게 된 사람, 오지를 다녀온 사람 등 그야말로 각양각색이었다.

'이 많은 사람들이 모두 이 클럽을 통해 목표를 실현했다 이거지? 좋아, 나라고 이 사람들보다 못할 게 뭐 있어? 나도 한다면 한다 이거야. 지금부터 노력해서 올 겨울에는 꼭 미니스커트를 입고 부츠를 신을 거야.'

그동안
좌절했던 이유

그 무엇도 직선으로 움직이지 않는다.
어떤 목표도 좌절과 방해를 겪지 않고 이루어지는 법은 없다.

다음 날 저녁, 늦은 저녁식사를 하고 컴퓨터 앞에 앉은 절 대금연. 전날 저녁에는 딸이 친구들과 인터넷 게임을 해야 한다고 난리를 치는 통에, 클럽은 제대로 둘러보지도 못한 채 가입인사만 남기고 황급히 자리를 비켜주어야 했다.

클럽 가입이 승인됐다는 이메일을 받고, 처음에는 의아하 기도 하고 어리둥절하기도 했다. 금연에 성공한 선배로부터 클럽에 대한 이야기를 많이 듣긴 했지만, 설마 자기도 가입 할 수 있을 것이라고는 예상하지 못했다. 금연을 간절하게 원하는 만큼 클럽에서 제시하는 과제를 나름대로 성실하게 하긴 했지만, 주로 MBA 취득이나 창업, 해외유학 준비생 등 뭔가 거창하고 원대한 꿈을 가진 사람들이 주로 가입할 것이라고 생각했기 때문이다. 그런데 함께 가입한 사람들을 보니 생각보다 너무 평범해서, 한편으로는 안도했지만 한편으로는 약간 시시한 느낌도 들었다.

'금연, 다이어트, 자격증 따기, 취업……. 이건 뭐, 온 국민이 다 세우는 거잖아? 다들 나보다 나이도 어리고……. 자극받을 만한 거창한 계획 가진 사람은 없나? 무슨 학생들 방학계획 세우기도 아니고, 생각보다 약간 실망인데? 괜히 허튼 짓만 하는 거 아닐까? 아니야. 그래도 이 클럽에서 목표를 달성한 사람이 많다니, 한번 믿어볼까?'

클럽을 이리저리 둘러보다 이메일을 확인하니, 구루가 보낸 단체메일 한 통이 와 있었다.

'이 사람 정체가 뭐지? 대체 뭘 하는 사람이기에 이런 클럽을 운영하는 거야?'

서둘러 이메일을 확인해보았다.

회원 여러분, 안녕하세요? 구루입니다. 오늘 하루 즐겁게 보내셨나요? 우리 클럽에 가입하신 것을 계기로, 오늘 하루만큼은 여러분이 지금까지와 다른, 뭔가 특별한 하루를 보내시지 않았을까 하는 기대를 해봅니다.

누구나 목표를 세워 실천하다가 실패한 경험이 있습니다. 물론 "나는 살면서 한 번도 실패한 적이 없어."라고 말하는 사람도 있겠지만, 그런 사람은 그야말로 극소수입니다. 그런데 수많은 사람들이 과거에 몇 번 실패한 경험이 있다고 해서 '나는 의지가 약해서 안 돼, 나는 뭘 해도 이 모양 이 꼴이야.'라고 자책하며 스스로를 하찮은 사람으로 평가하고, 자신의 가치를 스스로 깎아내립니다. 때로는 남들에게 자신의 실패한 모습을 들킬까 조바심을 내기도 하면서요.

하지만 여러분, 누구나 정확한 방법만 알면 얼마든지 새로운 모습으로 바뀔 수 있다는 것을 아셔야 합니다. 여러분도 마찬가지입니다. 많은 사람들이 목표를 이루기 위해서는 어떤 유혹에도 넘어가지 않는 굳은 의지가 있어야 한다고 믿고 있지만, 이는 사실이 아닙니다. 지금까지 여러분이 목표를 달성하지 못했던 것은, 의지가 없어서가 아니라 정확한 방법을 모르고 있었기 때문입니다. 물론 의지도 어느 정도 필요합니다. 하지만 여러분의 의지는 클럽에 가입하는 순간 확인되었으니, 이제 여러분은 정확한 방법을 익히기만 하면 됩니다. 우리 클럽에 가입한 것을 계기로, 여러분은 앞으로 어떤 목표든지 달성할 수 있는 특별한 노하우를 익히게 되었으니, 그런 의미에서 여러분은 선택받은 사람들이라고 감히 말씀드릴 수 있습니다.

우리가 목표를 실현하는 과정은 운동을 하는 과정과 비슷합니다. 처음 운동을 시작하면 근육이 제대로 움직이지 않기 때문에 당연히 힘이 듭니다. 하지만 근육이 조금씩 붙다 보면, 힘은 들어도 성취감이 생깁니다. 도저히 못 견딜 것 같던 순간을 하나씩 넘어서면서 뿌듯함과 성취감을 느끼다 보면, 어느새 목표에 한 걸음 한 걸음 다가설 수 있게 되지요. 공부도 마찬가지입니다. 내가 힘들면 남들도 힘들고, 내가 어려우면 남들도 어려워합니다. 이때 포기하면 남들과 같아지지만, 이를 악물고 조금만 더 노력하면 남들보다 앞설 수 있습니다.

우리는 누구나 무한한 힘을 가지고 있습니다. 하지만 방법을 몰라 그 힘을 제대로 활용하지 못하고 있습니다. 조금만 힘들어도, 조금만 어려워도 "힘들어서 못하겠다."라는 말을 버릇처럼 내뱉는 것은, 의지가 약해서가 아니라 효율적인 방법을 모르기 때문입니다. 그러니 목표를 달성하는 데 있어 최대 관건은, 자신에게 맞는 목표를 정확하게 세우고 이를 효과적인 방법으로 실천하는 방법을 아느냐 하는 것입니다.

첫 글을 통해 알려드릴 내용은 '목표를 세우기 전에 반드시 알아야 할 사항은 무엇인가.'입니다. 편안한 마음으로 글을 읽으면서, 어떻게 하면 목표를 경영할 수 있는지 생각해 보시기 바랍니다. 오늘 첫 과제를 드릴 텐데, 어려운 것은 아니니 너무 부담 갖지 마시고요. 글을 다 읽고 나서 각자 자신의 목표와 실천계획을 세운 다음, '목표달성 1단계'라는 게시판에 올려주시면 됩니다. 다른 회원들이 작성한 목표와 실천계획을 읽어보면서 자신이 세운 계획과 어떻게 다른지 비교해보면 도움이 될 것입니다.

각 게시판의 이용방법을 알려드릴 테니 참고하시고, 더 궁금한 게 있으면 저에게 메일을 보내주세요. 여러분 모두 원하는 바를 꼭 이루시기 바랍니다.

- 자기소개 – 가입 인사와 가입 동기를 남겨주세요.
- 목표달성 1단계 – 자신의 목표를 달성하기 위해 지켜야 하는 사항들을 공유합니다.
- 목표달성 2단계 – 체크 체크 또 체크! 영광의 그날을 위해, 얼마나 잘 지키고 있는지 확인합니다.
- 목표달성 3단계 – 목표달성에 성공한 분들은 여기에 후기를 남겨주세요.

메일을 읽고 나니 조금 전보다는 한결 의욕이 생기는 것이 느껴졌다. 운영자가 알려준 대로 게시판을 확인하기 위해 클럽에 접속했다. '클럽회원 ON'을 클릭해보니, 7기 회원이 된 나머지 회원 세 명이 모두 접속해 있었다.

'모르는 사람들이긴 하지만, 같은 기수가 되어서인지 괜히 반갑군.'

절대금연은 게시판을 클릭해 '목표 없이 살면 어떻게 되는가?'라는 글을 읽기 시작했다.

필독 목표 없이 살면 어떻게 되는가?

게시자 **구루**

7기 회원 여러분께.

우선 저의 부족한 노하우를 전해드린다고 생각하니 무척 떨리네요. 여러분에게 조금이나마 도움이 되었으면 좋겠습니다. 다들 열심히 하셔서, 다른 회원들처럼 여러분도 반드시 자신의 꿈을 이루시기를 바랄게요.

여러분은 혹시 '우리의 미래가 우리의 현재를 결정한다.'라는 말을 들어보신 적이 있나요? 심리학자 칼 융이 남긴 말이랍니다. 이 말은 하루하루 열심히 산다고 해서 유명해지고 부자가 되는 것이 아니라, '유명 컨설턴트가 되겠다.', 'OOO 같은 사람이 되겠다.'라는 미래의 목표가 우리의 하루를 좌우한다는 것을 뜻합니다. 그만큼 목표가 중요하다는 말이지요. 대체 목표가 무엇이며, 목표가 없으면 어떻게 되기에 연말, 연초마다 사람들이 약속이라도 한 것처럼 계획을 세우는지 지금부터 알아보도록 하겠습니다.

목표가 없으면 첫째, 두 번 다시 돌아오지 않는 시간을 너무 쉽게 낭비하게 됩니다.

여러분에게 매일 아침 86,400원이 입금되는 통장이 있다고 가정해봅시다. 여러분은 이 돈을 원하는 대로 쓸 수 있습니다. 대신, 그날 쓰지 못한 액수는 밤 12시가 되면 사라집니다. 여러분은 이 돈을 어떻게 하실 건가요? 대부분 사람들은 이게 웬 횡재냐 싶어 1원도 남기지 않고 다 쓰려고 할 것입니다.

시간도 마찬가지입니다. 우리는 매일 86,400초라는 시간을 공짜로 받습니다. 그런데 사람들은 공돈 86,400원은 아까워하면서 86,400초는 아까워하지 않습니다. 1분이 지나면 저절로 1분이 오고, 한 시간이 지나면 다시 한 시간이 온다고 생각해서인지 시간을 대수롭지 않은 것, 무한리필 되는 공짜 선물처럼 여깁니다.

86,400원과 86,400초의 이 비유는 코카콜라 회장인 더글러스 아이베스터가 전 임직원에게 보낸 신년사 메시지에서 처음 언급된 것입니다. 워낙 유명한 글이어서 다들 알고 계실 거라 생각하지만, 그럼에도 불구하고 제가 첫 게시물에서 이 글을 강조하는 이유는, 목표를 세우는 것이 시간을 활용하는 데 얼마나 중요한 영향을 미치는지 강조하기 위해서랍니다.

28세에 취업을 해서 38세까지 10년간 직장생활을 한다고 가정해봅시다. 10년을 돈으로 환산하면 3억 1,536만 원입니다. 10년 동안 아무 계획 없이 그저 몸만 왔다 갔다 하면서 매일 퇴근시간만 기다려왔다면, 3억 1,536만 원을 그냥 버리는 셈입니다. 가계부를 쓸 때도 '한 달 수입이 얼마니까, 얼마는 저금을 하고 얼마는 생활비로 쓰고 여윳돈은 이 정도로 모아두어야겠다.' 하고 미리 계획을 세워야 충동구매를 하지 않는 것처럼, 시간도 체계적으로 관리해야 낭비하지 않습니다.

그저 하루하루 열심히 산다고 해서 내가 원하는 모습이 되는 것이 아닙니다. 목표가 있고, 그 목표를 달성하기 위해 오늘을 어떻게 보낼 것인지 계획을 세우고 실천할 때, 우리는 '오늘 하루를 정말 보람 있게 보냈구나.'라고 말할 수 있습니다.

다들 머릿속으로는 '내일부터 공부해야지.', '내일부터 다이어트 해야지.', '내일부터 학원 다녀야지.'라고 생각하지만, 실천은 하지 않습니다. 그러니 언제나 '내일부터'입니다. 그리고 그 내일이 언제가 될지는 자신도 모릅니다. 어쩌면 영원히 오지 않을 수도 있습니다.

시간은 우리를 기다려주지 않습니다. 이것은 대통령에게

도, 청소부에게도 마찬가지입니다. 한번 내뱉은 말은 주워 담을 수 없듯이, 흘러간 시간은 돌아오지 않습니다. 그래서 우리는 인생을 낭비해서는 안 됩니다.

둘째, 목표가 없으면 삶에 대한 의욕과 활력이 없어집니다. 생존율이 60%에 불과한 고환암 3기를 극복하고, 최악의 산악사이클 대회 '뚜르 드 프랑스'에서 5연패를 달성한 랜스 암스트롱은 자신의 자서전에서 이런 말을 했습니다.

죽음의 문턱까지 다가가보면 주변의 모든 것들이 깨끗하게 정리된다. 그 다음에 찾아오는 것은 찬란하게 빛나는 깨달음이다. 남은 시간이 얼마 없다는 것을 깨닫고 나면, 매일 아침 새로운 기분으로 깨어나게 된다.
누가 나에게, 사이클에만 매달려 장대비 속에서도 하루 여섯 시간씩 높은 산을 오르내리는 이유가 뭐냐고 묻는다면, 나는 이렇게 대답할 것이다.
"누구든 나와 같은 상황에 처하면 내게 특별한 하루가 주어졌다는 사실에 감사할 것입니다. 그리고 활기차고 목적의식이 뚜렷한 하루를 이어가자고 다짐할 것입니다."

그를 가장 가까이에서 지켜보았던 주치의 칼 아우스만은 그가 우승하는 광경을 지켜보며 이렇게 말했다고 합니다.

"이 사람이 내가 본 그 사람입니까? 머리카락 한 올 없이 앙상한 몸으로 침대에 누워 간신히 몸을 움직이던 그 사람입니까? 세상에! 이 얼마나 멋진 일입니까!"

암스트롱이 우승할 수 있었던 이유는 '내게 한 번만 더 기회가 주어진다면 이번에는 정말 열심히 살 거야. 지금까지 이루어왔던 것, 그 이상의 무언가를 위해, 단 1%의 희망만 있어도 나는 달릴 거야.'라는 분명한 목표가 있었기 때문입니다.

사람들의 98%는 아무 계획 없이 하루를 보낸다고 합니다. 이 말은, 랜스 암스트롱처럼 자신의 하루에 애착을 가지는 사람은 2%에 불과하다는 뜻이기도 합니다. 암스트롱이야 특수한 상황에 처해 있었으니 그럴 수밖에 없지 않느냐고 반문하는 분들도 있겠지만, 그렇지 않습니다. 암은 완치되더라도 언제든 다시 재발할 수 있고, 기초체력이나 건강도 예전과 같을 수는 없으니까요. 그는 여전히 암 환자인 것입니다. 시한부 인생을 사는 것과 다름없는 랜스 암스트롱도 이렇듯 자신의 인생에 애착을 가지고 있습니다. 그런데 멀

쩡하게 건강한 우리는 뭐가 부족해서 하루하루를 시간 때우기 하듯 지루하게 보내야 하나요?

목표가 없으면 떠돌이 삶을 살 수밖에 없습니다. 그러니 사는 것이 지겹다는 소리를 하게 됩니다. 저는 사람들을 만나면 "주말에 뭘 하십니까?"라고 자주 물어보는데, 상당수 사람들이 "주말에는 그냥 텔레비전을 보면서 하루 종일 집에 있어요.", "특별히 하는 일은 없는데요."라고 아무렇지 않게 말합니다. 클럽에 가입 신청을 하는 분들의 자기소개서를 읽어봐도 "사는 게 지겹다.", "왜 사는지 모르겠다.", "인생이 허무하다."라고 말하는 분들이 많았습니다.

분명한 목표가 있는 사람은 평일보다 주말을 더 잘 활용합니다. 이들은 한 주를 어떻게 보냈는지 돌아보면서 무엇이 잘 되었고 무엇이 잘못되었는지 점검하고, 보완할 점들을 확인합니다. 다음 한 주를 활기차게 보내기 위해 다양한 취미활동을 하면서 스트레스를 풀기도 하고요. 이렇듯 주말에 자신을 재충전하고 활력을 얻기 때문에, 이들에게는 '월요병'이 없습니다.

사실 제가 지금 말씀드리는 것들은 누구나 머릿속으로는 다 알고 있는 내용입니다. 하지만 알고 있어도 실천하는 사람은 드물고, 실천해도 성공하는 사람은 더 드뭅니다. 자신에게 필요 없는 목표, 잘못된 목표를 세우거나, 목표를 세우더라도 막연하게 세우기 때문입니다. 목표가 분명하면 어려움에 처했을 때 한숨을 내쉬면서 좌절하는 대신 '어디 한번 덤벼봐!'라는 용기와 배짱을 무기로 더 적극적으로 뛰어들게 됩니다. 그러니 여러분은 자신의 삶에 확고한 목표의식을 가지시기를 바랍니다.

"나는 무엇을 이루기 위해 오늘 하루를 알차게 보냈어. 그래서 누구보다 뿌듯해."라고 자신 있게 말하며 하루를 마감할 수 있는 사람이 대한민국에 몇 명이나 될지 모르겠습니다. 여러분은 어땠는지 한번 생각해보시기 바랍니다.

셋째, 목표가 없으면 미래가 불투명해집니다.

주변 사람들을 한번 떠올려보세요. '저 친구 참 대책 없네.' 싶은 생각이 저절로 들 만큼 세월아 네월아 하면서 사는 사람들이 한두 명은 있을 겁니다. 반면 항상 바쁘고, 이것저것 하는 일도 많고, 그러면서도 언제나 활기차게 생활하는 사람들도 있습니다. 이들의 차이점이 무엇인지 아시나요?

'한 번밖에 없는 인생, 무슨 부귀영화를 얼마나 누리겠다고 이 좋은 시절을 고생만 하면서 보낸담? 나는 그냥 적당히 살다가 편하게 죽을래.'라고 생각하는 사람들에게는 고민이나 걱정이 없습니다. 뭘 해도 만족하고 언제나 허허 웃고 다니니, 이게 잘 사는 것이라고 생각하는 사람들도 있습니다. 물론 그렇게 보일 수도 있습니다. 하지만 이들은 남들이 하는 대로 이리 갔다, 저리 갔다 하면서 시간을 흘려보내기 일쑤입니다. 공무원이 뜬다 하면 공무원 시험을 준비하고, 교사가 좋다고 하면 임용고시에 매달리고, 새로운 직업이 뜨면 또 그걸 해볼까, 하면서 이리 기웃 저리 기웃하지요. 그러니 매사에 불만입니다. 자기만 부모를 잘못 만나고, 운이 없고, 백이 없어서 남들에게 뒤처진다고 생각합니다. 그러니 사는 것이 즐거울 리가 없겠지요. 하지만 겉으로 표현을 하지 않으니 남들이 보기에는 뭘 해도 만족하고 낙천적인 사람으로만 비치는 것입니다.

'한 번뿐인 인생, 대충 살기에는 너무 아까워. 누구보다 의미 있는 삶을 살아야지.'라고 생각하는 사람들은 절대 이러지 않습니다. '국내 특1급 호텔 한식당의 최고주방장이 될 거야.'라는 목표를 가진 사람이라면, 머릿속은 자나 깨나 온통 요리 생각으로 가득할 것입니다. 손에 칼을 잡고 있지 않아도 머릿속으로는 같은 간격으로 채썰기를 연습하고 있을 것이며, 새로운 조리법을 구상하기 위해 고민하고 또 고민하고 있을 것입니다. 밥을 먹어도, 길을 가도, 식사를 하러 식당에 들러도 온통 생각이 요리에 집중되니, 사는 것은 당연히 편하지 않을 것입니다. 끊임없이 자극받아야 하고 마음 편히 쉴 수도 없으니, 다른 사람들의 눈에 이들은 '삶을 즐길 줄 모르는 바보'로 보일 수도 있겠지요. 하지만 이들 중 누가 진정으로 의미 있는 삶, 즐거운 삶을 사는지는 딱 10년만 지나면 밝혀질 것입니다.

지금은 자기 PR 시대입니다. 남들보다 뭐가 하나라도 돋보이고 차별화하는 것이 중요하지요. 어설프게 여러 가지를 하는 것보다 한 분야에서 전문가가 되는 것이 여러분의 가치를 더욱 높여줍니다. 목표의 힘은 바로 여기서 드러납니다. 다른 사람들과 여러분을 차별화시키고, 누구에게도 뒤지지 않는 자신감을 심어주는 것이 바로 목표인 것이지요.

어느 생물학자가 온대지방에 사는 꿀벌을 열대지방으로 옮겨 실험을 했더니, 평소에는 겨울에 대비해 꿀을 모으던 꿀벌들이 환경이 바뀌자 꿀은 모으지 않고 사람들을 공격했다고 합니다. 왜 이런 반응을 보였을까요? 겨울을 대비해야 한다는 목표가 사라지니 꿀을 모으는 힘겨운 작업이 귀찮고 힘들게 느껴진 것입니다. 할 일이 없어지니 당장은 편했을 것입니다. 하지만 사람들을 공격한 꿀벌에게 남은 것은 죽음뿐이었습니다. 꿀벌은 벌을 쏘면 벌침과 함께 내장이 몸 밖으로 빠져나가니까요.

직장이나 학교에서도, 우리 인생에서도 마찬가지입니다. 목표가 없으면 당장은 편해 보이지만, 사실 목표가 없는 삶은 지겹고 짜증나는, 스트레스만 쌓이는 하루하루의 연속일 뿐이랍니다. 그러다 보니 당장 오늘 하루를 재미있게 보낼 방안만 궁리하게 되고, 시간이 지날수록 "노는 것도 질린다."라는 말을 하게 됩니다.

거듭 강조하지만, 우리에게 중요한 것은 당장 눈앞에 보이는 오늘이 아닌 내일입니다. 세상에 마냥 쉽고 재미있기만 한 일이 과연 있을까요? 하지만 나에게 분명한 목표, 미래를 꿈꾸면서 즐거운 마음으로 할 수 있는 일, 그리고 그 일을 해야 하는 이유가 있다면, 몸은 힘들지언정 마음은 즐거울 것입니다.

미래가 구체적이고 명확한 사람들, 자신만의 비전이 있는 사람들은 항상 자신감에 넘치고 쉽게 지치지도 않습니다. 자신이 계획한 대로 일을 진행하면서, 목표를 달성했을 때의 뿌듯함과 자신에 대한 만족감을 느끼다 보니, 그 다음 목표를 세울 때에도 의욕이 넘쳐 자연스럽게 긍정적이고 활기찬 사람이 됩니다. 설령 목표를 달성하는 데 실패하더라도 미련을 가지지 않고요.

여러분은 부디 큰 꿈을 가지세요. 그리고 남들 시선을 신경 쓰지 말고, 그 꿈을 이루기 위한 여러분만의 목표를 세우세요. 할 수 있다는 자신감을 가지고 노력하다 보면, 자신도 모르는 사이에 그 꿈에 다가가고 있는 모습을 발견할 것입니다.

목표 없이 살면 어떻게 되는가?
1. 두 번 다시 돌아오지 않는 시간을 잃게 된다.
2. 삶에 대한 의욕과 활력이 없어진다.
3. 미래가 불투명해진다.

여러분께 첫 과제를 내드리겠습니다. 오늘 말씀드린 이 세

가지를 기억하면서, 현재 여러분의 모습은 어떤지 되돌아보는 시간을 가져보세요. 나의 하루는 어땠는지, 나는 평소 나의 모습을 어떻게 생각해왔는지 꼼꼼하게 살피시기 바랍니다. 그러면 자신이 무슨 일을 하고 싶은지, 그 일을 어떻게 해야 하는지 발견할 수 있을 거라고 확신합니다.

오늘 말씀드릴 내용은 여기까지입니다. 클럽에서 처음으로 전수받는 비법인 만큼 기대가 크셨을 텐데, 만족하셨는지 모르겠네요. 그럼 다음 주 금요일 저녁에 두 번째 글을 올릴 테니 반드시 확인하시길 바랍니다.

절대금연은 컴퓨터 모니터에서 눈을 뗐다. 꽤 긴 글이지만 집중해서 읽다 보니 시간이 지나는 줄도 모르고 있었다. 구루가 자기 속마음을 읽고 있었던 것이 아닐까 하는 착각이 들 정도로, 한 문장 한 문장이 머릿속에 맴돌았다. 특히 86,400원과 86,400초에 대한 이야기가 인상적이었다.

'86,400원과 86,400초라……. 매일 86,400원이면 상당히 큰 액수잖아? 점심 때 불고기 먹고, 저녁에 삼겹살 먹고, 퇴근길에 과일이나 애들 간식을 사고도 남는 액수인데…….

86,400초라고 생각하니 하루가 꽤 길군. 그런데 난 왜 매일 같이 시간에 쫓기는 거지? 시간을 제대로 관리하지 못해서 그런가?'

　다음 주. 절대금연은 일주일 내내 출퇴근길에서도, 근무 중에도, 점심시간에도 문득문득 생각에 잠기는 일이 많았다. 클럽에서 읽었던 '목표가 없으면 어떻게 되는가?'라는 글과 '86,400초의 비유'가 머릿속에서 떠나지 않았다. 생각해보니, 지금까지 살면서 한 번도 뭔가를 간절히 소망하고, 체계적으로 계획을 세워 준비해본 적이 없었다. 대입도, 군대도, 취업도, 결혼도, 남들이 다 하니까 남들처럼 준비했고, 남들이 사는 대로 따라 살다 보니 여기까지 온 것뿐이었다.

　'구루가 내준 과제에 대한 답을 어느 정도 생각해두어야 두 번째 글에서 뭔가를 얻을 수 있을 텐데.'

　가끔씩 뭔가를 골똘히 생각하는 절대금연을 보고, 부하 직원들이 집에 무슨 일이 있느냐고 물어볼 정도였다.

　금요일 저녁이 되자 절대금연은 일찌감치 퇴근하고 컴퓨터 앞에 앉았다. 평소 같았으면 금요일 저녁에는 직장 동료들이나 동창들과 함께 회사 주변에서 소주잔을 기울였겠지만, 이번만큼은 '더 이상 이렇게 아무 생각 없이 살아서는 안 되겠다.'라는 위기감을 느꼈다. 클럽에 접속하니, 새로운 글이 올라왔다는 안내창이 깜빡이고 있었다. 두 번째 글의 주제는 '우리가 목표경영에 실패하는 세 가지 이유'였다.

 필독 우리가 목표경영에 실패하는 세 가지 이유

게시자 **구루**

여러분, 안녕하세요. 이번 한 주도 즐겁게 보내셨나요?

오늘은 지난주에 말씀드린 '목표 없이 살면 어떻게 되는가?'에 이어 '우리가 목표경영에 실패하는 세 가지 이유'를 알려드리고자 합니다. 지난 시간에 읽은 내용을 기억하면서 읽어주세요.

아마 네 분은 지금껏 살면서 여러 가지 목표를 세워보셨을 것입니다. 학창시절에는 '반에서 몇 등 안에 들기', '학점 3.8점 이상 받기' 같은 목표를, 연말이면 '금연, 금주, 다이어트 계획'을 세우셨겠지요. 물론 저도 마찬가지고요.

네 분이 우리 클럽을 통해 달성하고자 하는 목표는 각각 다이어트, 금연, 취업, 자격증 취득입니다. 아주 흔한 목표지요? 흔하다는 것은 그만큼 사람들이 많이 도전한다는 뜻이고, 많은 사람들이 도전한다는 것은 어렵거나 힘든 일이 아니라는 것을 의미합니다. 그런데 살을 빼고 담배를 끊고 자격증을 따고 취업에 성공하기가 왜 이렇게 어려운지, 여러분은 한번 진지하게 생각해본 적이 있나요?

목표가 얼마나 강력한 힘을 가지고 있는지 제대로 아는 사람은 드뭅니다. 목표의 놀라운 힘을 모르고 있으니, 목표를 제대로 세우는 데에도 무지할 수밖에 없는 것이 당연합니다. 대체 우리는 왜 목표경영에 실패하는 것일까요?

첫째, 목적의식이 없기 때문입니다.

목적의식, 즉 사명감이 있다는 것은 미래가 있다는 뜻이기도 합니다. 구체적인 목표가 있는 사람은 그 목표만 생각해도 자신의 변화된 모습을 떠올립니다. 이런 사람들은 자신의 미래를 상상할 때마다 심장이 두근거리는 것을 느낍니다. 그러니 터무니없거나 허황된 목표, 애초에 실현 불가능한 목표를 세우지 않지요. 자신이 정말 바라는 것, 무슨 일이 있어도 이루고 싶은 것을 꿈꿉니다. 사람이 어떤 꿈, 어떤 목표를 가지고 있느냐가 중요한 이유는 이 때문입니다.

그렇다면 여러분의 목표는 무엇인지 한번 살펴볼까요?

• 금연　　• 자격증 따기　　• 다이어트　　• 취업

이것이 여러분의 목표지요. 아마 여러분은 예전부터 지금까지 이런 목표를 세워오셨을 겁니다. 여러분뿐 아니라 대부분 사람들이 마찬가지입니다. 하지만 이것은 목표를 가장한 구호나 슬로건일 뿐, 제대로 세운 목표가 아닙니다. 이 목표를 보고 '담배를 끊어야지.', '운동하자.'라는 생각을 할 수는 있지만, 무엇을 어떻게 해야 하는지는 전혀 알 수 없기 때문이지요. 그 이유를 알아보기 전에, 먼저 제가 하는 질문에 답해보시기 바랍니다.

여러분은 몇 kg을 줄이면 다이어트에 성공한 것이라고 생각하나요? 한 달에 2~3kg? 석 달 내에 10kg? 아니면 정해진 기간은 없어도 5kg나 10kg 정도? 얼마나 살을 빼야 여러분이 세운 목표에 도달하게 되나요? 올 초, 다이어트를 계획했던 사람들 중 태반이 이 질문에 명확하게 대답하지 못할 것입니다. 처음부터 목표를 잘못 세웠으니 그럴 수밖에 없지요. 문제는, 자신이 원하는 모습과 자신이 세운 목표가 너무 동떨어져 있다는 것입니다. 그러니 목표를 세우고도 그 다음부터 뭘 해야 할지 몰라 우왕좌왕하는 겁니다.

사람들이 목표를 달성하지 못하는 또 다른 이유는, 자신이 원하는 목표가 아닌 남들에게 보여주기 위한 목표를 세우기 때문입니다. 지금 대학가에는 공무원 시험이나 교원 임용고시 열기가 뜨겁습니다. 최근 통계청이 발표한 자료에 따르면, 청년층 취업준비자 두 명 가운데 한 명이 각종 공무원 시험을 준비한다고 합니다. 전체 인구로 보면 100만 명에 달하는 어마어마한 숫자인 셈입니다. 게다가 이들 중 30%는 직장인이고요.

여러분은 이들 100만 명이 모두 진정으로 공무원이 되기를 원한다고 생각하시나요? 아닐 겁니다. 아마 모르긴 해도 이들 중에는 딱히 하고 싶은 일이 없거나, 주위에서 다들 하니 나도 공무원 시험이나 준비하자 싶은 생각에 휩쓸려 무작정 시험을 준비하는 경우가 태반일 것입니다.

나의 전공, 관심, 적성은 고려하지 않고 친구 따라 강남 가는 식의 목표 세우기는 '내가 왜 공무원이, 교사가 되어야 하는가?'라는 질문에 아무런 답을 주지 못합니다. 오히려 중간에 쉽게 포기하거나, 목표를 계속 바꾸는 원인이 될 뿐입니다. 내 꿈과 미래에 대해 시간 가는 줄 모르고 사람들에게 열정적으로 설명할 수 있을 정도의 열정과 애착, 그리고 미래를 상상할 때마다 가슴 설레게 하는 것. 그것을 목표로 삼아야 일도 공부도 즐겁게 할 수 있고 성공할 수 있습니다.

"공무원이 인기도 많고 안정적이고, 친구들도 많이 준비하니까 저도 그냥 공무원 시험을 준비했는데요. 몇 달 해보니까 내 길이 아니다 싶어서 그냥 일반 기업에 취업하기로 했어요."

제가 만난 대학생들 중에 이런 경우가 꽤 많았습니다. 내가 왜 공무원 시험을 준비하는지, 왜 공무원이 되고 싶은지 처음부터 분명한 사명감을 가지고 목표를 세웠다면 귀한 시간과 돈을 낭비하는 일은 없었을 텐데, 한심하고 안타까울 뿐입니다.

두 번째 이유는 의욕만 지나치게 앞서 있기 때문입니다. 누구든지 처음 목표를 세울 때는 의욕이 넘칩니다. 열정이 타오르니 이것저것 하고 싶은 것도 많고, 왠지 마음만 먹으면 다 실행할 수 있을 것 같은 느낌도 듭니다. 그러다 보니 무리한 계획을 세우는 경우도 많습니다.

- 저녁 6시 이후로 아무것도 먹지 않기
- 매일 새벽에 일어나서 도서관 가기

이 계획이 과연 현실적으로 가능하다고 생각하시나요? 의욕이 가득한 것은 좋지만 지나치게 과도한 의욕은 우리를 초조하게 만듭니다. 계획한 것을 지키지 못했거나 일이 뜻대로 진행되지 않으면, 스트레스를 받거나 좌절하게 만드니까요. 물론 목표를 달성하는 과정에서 어느 정도의 스트레스는 받습니다. 그리고 적당한 스트레스는 우리를 긴장시키고 일을 체계적으로 진행할 수 있도록 도와줍니다. 하지만 심해지면 심신의 건강을 해친다는 것은 다들 너무나 잘 알고 계시겠지요?

어느 축구 경기에서 이런 일이 있었다고 합니다. 공이 상대편 골키퍼를 맞히고 골문 안으로 들어가고 있었습니다. 그때 한 선수가 득달같이 달려오더니 슈팅으로 연결했습니다. 그 선수가 골 세리모니를 하며 동료들에게 달려가려 할 때 부심이 오프사이드 판정을 내렸고, 골은 무효가 되어버렸습니다. 가만히 두면 득점을 할 수 있는 상황이었는데, 그 선수는 자신이 직접 골을 넣겠다는 의욕만 앞선 나머지, 자신은 물론 팀에도 피해를 준 것입니다.

아무리 자신 있고 의욕이 넘친다 해도, 정도를 벗어나서는 안 됩니다. 그러니 우리는 "이번에 살을 못 빼면 내가 성을 간다. 두고 봐." 하는 식으로 무작정 의욕만 앞세울 것이 아니라 실천할 수 있는 계획, 제대로 된 전략을 세워야 합니다. 처음부터 무리한 계획을 세우면 시간이 지날수록 그 계획이 여러분을 지치게 만들고, 지키지 못하는 계획이 하나둘 늘어나면 결국 목표를 포기하게 됩니다. 그러니 지나친 오버는 삼가기를 바랍니다. 목표를 세우고 달성하는 과정에서도 자신을 다스리고 통제할 줄 알아야 합니다.

여러분이 목표경영에 실패하는 세 번째 이유는 목표가 구체적이지 않기 때문입니다. 목표를 세우고 그 목표를 달성하기 위한 계획까지 정했다면, 우리는 이전보다 더 철저하게 시간을 관리해야 합니다. 물론 수시로 계획을 점검하고, 나태해지지 않도록 스스로를 다그치는 것은 여간 힘든 일이 아닙니다. 새로운 생활을 몸에 익히고 습관으로 굳히는 데에는 오랜 시간이 걸리니, 지금까지와는 다른 생활을 꾸준히 지속해야겠지요. 나를 괴롭히지 않고는 불가능한 일입니다. 이 과정이 워낙 힘든 반면 유혹의 손길은 너무나 달콤하기 때문에, 사람들이 이 시기를 견디지 못하고 중간에 포기하는 것입니다.

지금 내가 어떤 모습으로 어떤 자리에 있느냐는 중요하지 않습니다. 1년 뒤, 3년 뒤, 5년 뒤, 10년 뒤에 내가 어디서 어떤 모습으로 어떤 자리에 서 있을지 생각해보세요. 꿈을 이루는 과정이 아무리 힘들어도 작지만 뿌듯한 성취감을 여러 번 경험하다 보면, 그 위기를 잘 극복하고자 하는 마음이 생깁니다. 그리고 현실에 안주하고픈 마음을 이기고 싶다는 의욕이 강해지지요.

우리는 목표를 제대로 세우지 않았거나, 세우더라도 구체적이고 명확하지 않아 도중에 포기하는 경우가 너무 많았습니다. 그래서 뭔가에 다시 도전하려 하다가도 예전에 실패했던 경험을 떠올리며 '에이, 이번에도 똑같겠지, 뭐.', '내가 늘 그렇지.' 하고 자기도 모르게 부정적인 생각을 먼저 하게 됩니다.

이런 일을 반복하지 않으려면 어떻게 해야 하겠습니까? 목표를 치밀하고 구체적으로, 손에 잡힐 듯 생생하게 세워야 합니다. 또한 내가 목표를 달성하는 데 결정적인 영향을 미치는 것이 무엇인지 찾아내어, 어떻게 하면 이것을 내 편으로 만들 수 있을지 고민해야 합니다.

직장인들을 대상으로 '일의 효율성과 성과 사이의 관계'를 조사했더니 재미있는 결과가 나왔다고 합니다. 마감 이틀 전까지는 일이 손에 잡히지 않다가, 하루 전에 효율성이 엄청나게 높아진다는 것입니다. 여러분도 이 결과에 공감하시지요? 매번 이렇게 번갯불에 콩 볶아 먹듯 일을 처리하고 나면 '다음부터는 미리 해야지.' 하는 생각을 하다가도, 시간이 지나면 어김없이 마감일이 다 되어서야 일을 처리하는 악순환을 반복하게 됩니다. 아마 학생 때 벼락치기로 시험 공부를 하던 습관이 남아 있어서가 아닐까요?

십대 시절에 밴 습관을 성인이 되고 나서 고치기란 보통 힘든 일이 아닙니다. 하지만 그 습관이 나쁜 것이 분명하다면, 나에게 아무런 도움이 되지 않는다는 것을 알았다면, 이러한 악순환을 확실하게 끊기 위해서라도 우리는 새로운 전략에 맞추어 구체적인 목표를 세워야 합니다. 다음 글을 한 번 읽어보세요.

코끼리는 지구상에 사는 가장 큰 동물이다.

코끼리 중에도 덩치가 큰 놈은 몸무게가 5톤이 넘는다. 그럼에도 자기 몸무게의 몇 십 분의 1에도 못 미치는 사람들에게 길들여져, 조종당하며 살고 있다.

인도나 태국에서는 야생 코끼리를 잡아 길들이기 위해 어린 코끼리를 유인해서 우리에 가두고, 발에 어느 정도 길이의 굵은 쇠사슬을 채운 다음 쇠사슬의 한쪽 끝을 튼튼하고 우람한 나무 기둥에 묶어둔다. 그리고 우리 문을 열어 자유롭게 움직일 수 있도록 한다. 그런데 어린 코끼리는 아무리 발버둥을 쳐도, 나무에 묶인 쇠사슬로 인해 자유롭게 움직일 수 없다. 묶인 쇠사슬 길이만큼만 움직일 수 있는 것이다.

처음에는 발버둥 치던 어린 코끼리는, 시간이 지날수록 체념하게 된다. 아무리 노력해도 자신이 움직일 수 있는 범위가 정해져 있다는 것을 알게 되는 것이다.

코끼리는 커서도 그 반경을 벗어나지 않는다. 조금만 힘을 주면 쇠사슬을 끊어버릴 수 있는데도, 어린 시절의 기억으로 인해 시도하지 않는 것이다. 결국 코끼리는 자신의 힘으로 충분히 자유를 되찾을 수 있음에도 불구하고 평생 사람들에게 조종당하며 살아간다.

커다란 코끼리가 가느다란 쇠사슬에 묶인 채 평생을 조종당하며 사는 모습, 여러분은 어떻게 생각하나요? '자기 능력을 믿고 조금만 노력하면 자유롭게 살 수 있을 텐데, 벗어나려는 시도조차 해보지 않고 평생을 저렇게 살다니 정말 답답하네.'라는 생각을 하진 않으셨나요?

우리도 마찬가지입니다. 우리 역시 코끼리처럼 스스로를 묶어놓고 있습니다. 그리고 환경이나 주변을 탓하며 불평만 합니다. 하지만 아무리 불평을 해도 상황은 바뀌지 않습니다. 변하고 싶다면 자신의 태도와 모습부터 바꾸어야지요. 부정적인 생각은 무슨 일을 하더라도 독으로 작용할 뿐입니다.

많은 사람들이 두루뭉술한 목표를 세워놓고 그저 열심히 하겠다는 생각만 하다가 중간에 포기하고 있습니다. 의지가 약해서가 아닙니다. 방법을 몰랐기 때문입니다. 그러니 다시 한 번 도전해보세요. 원하는 것이 있다면, 이루고 싶은 것이 있다면, 어떤 과정을 거쳐 그것을 이룰지 여러분만의 언어, 여러분만의 행동으로 구체화시켜보세요. 여러분의 인생은 얼마든지 달라질 수 있습니다.

이제 두 번째 내용도 슬슬 마무리할 때가 되었네요. 오늘 알려드린 내용을 정리하자면, 다음과 같습니다.

우리가 목표경영에 실패했던 세 가지 이유
1. 목적의식이 없기 때문이다.
2. 의욕만 지나치게 앞서 있다.
3. 구체적이지 않다.

이제 목표경영이라는 말이 그저 막연하게 들리진 않으시죠? 거듭 강조하지만 여러분은 의지가 부족해서, 끈기가 없어서, 남들보다 머리가 좋지 못해서, 백이 없어서 실패했던 것이 아닙니다. 정확한 방법을 모르고 있었기 때문입니다. 그러니 앞으로는 우리 클럽에서 얻어갈 내용을 바탕으로 여러분의 목표를 경영하세요. 어떤 목표라도 클럽에서 알게 된 목표경영 방법을 적용하기만 하면, 아마 상상만 하던 여러분의 모습이 현실로 이루어지는 놀라운 경험을 하실 겁니다.

그럼 다음 주에 세 번째 글로 인사드리겠습니다. 그때까지 나의 목표는 무엇이고 이 목표를 어떻게 경영할 것인지, 진지하게 생각해보시기 바랍니다.

글을 다 읽은 뱃살공주는, 화장대 앞에 서서 거울을 들여다보았다. 언제부터인가 둥글둥글해진 얼굴, 얼굴 살에 파묻혀 뭉툭해 보이는 코, 늘어진 턱선⋯⋯. 거울 속에 비친 모습이 낯설게 느껴졌지만, 전처럼 밉게 느껴지지는 않았다.

그녀는 스스로를 '의지박약'이라고 여겼었다. 빵이나 케이크, 초콜릿 같은 단 음식이 눈앞에 있으면, 아무리 배가 불러도 일단 손부터 뻗었기 때문이다. 그런 일이 몇 년에 걸쳐 반복되다 보니 어느 순간부터 '나는 뚱뚱하게 살 팔자야.'라고 스스로를 비하하고 있었던 것이다.

그러니 '의지를 탓하지 말라, 목표를 이루는 힘은 의지가 아닌 방법에서 나온다.'라는 구루의 말이 와 닿을 수밖에 없었다.

'정말 오랜만에 나도 달라질 수 있다는 희망을 가져보네. 이 클럽을 믿고 끝까지 한번 해봐야겠어. 살이 안 빠지면 어때? 자신감을 되찾은 것만으로도 큰 수확인데.'

그녀는 확신했다. 이번이 내 생애 마지막 다이어트이자 '처음으로 성공하는 다이어트'가 될 것이라고.

아줌마,
화려한 비상을 꿈꾸다

치밀하고 합리적인 계획은 성공하지만, 어떤 느낌이나
불쑥 떠오른 생각에 의한 행동은 실패하는 경우가 많다.
큰 목표일수록 잘게 나누어라.

클럽에 가입하고 본격적으로 목표경영을 익힌 지 2주가
지났다. 줌마렐라는 왠지 자신의 계획이 성공할 수 있을 것
이라는 확신이 들었다. 아직 목표를 구체적으로 세우는 방
법은 배우지 않았지만, 끊임없이 목표를 떠올리면서 멋진 슈
퍼맘이 되어 있을 자신의 모습을 상상하니 무척이나 뿌듯했
다. 소파에 누워 드라마 재방송을 보고 싶은 한가한 오후에
도 관련 정보를 한 번 더 찾아보게 되었고, 빵을 먹을 때도
무슨 재료가 얼마나 들어갔을까 생각하면서 먹게 되었다. 잡

지를 뒤적이면서 때우던 시간도 조금은 줄었고, 마트에 장을 보러 갈 때도 베이킹 도구와 재료를 꼼꼼하게 살피게 되었다.

어느 날 저녁, 그녀는 구루로부터 메일 한 통을 받고 놀라지 않을 수 없었다. 자신에게 개인 메일을 보내왔기 때문이다. 지금껏 인터넷 클럽에서 받은 메일은 회원 전체에게 보내는 단체메일밖에 없었기에, 한편으로는 의아했다. 호기심이 생겨 서둘러 메일을 확인해보았다.

제목 줌마렐라 님의 도전에 박수를 보내며…….

보낸이 구루

안녕하세요. 줌마렐라 님. 목표달성 클럽 운영자 구루입니다.

우리 클럽에 가입하신 지 벌써 2주일이 지났네요. 제가 올리는 글은 부지런히 읽고 계시겠지요?

그동안 어떤 생각을 하셨을지 참 궁금합니다. 왜 삶이 이토록 허무하게 느껴졌으며 가정에서 내 자리를 찾지 못했는지, 그 이유를 알게 됐을 거라고 생각하는데……. 이제 목표를 세우고 경영해서 이것을 달성할 필요성을 느끼셨겠지요?

목표를 달성하는 과정에서 마주치는 여러 가지 힘든 고비를 잘 넘기는 것은 무척 중요합니다. 하지만 그에 못지않게, 어떤 마음가짐을 가지고 시작하느냐 하는 것도 정말 중요하답니다. 그저 재미로, 아니면 남들도 다 하니까 하는 마음으로 목표를 세워서는 안 된다는 것은 이제 충분히 아실 거예요. 죽기 아니면 까무러치기로 이 목표를 달성해내고야 말겠다는 각오를 다지시기 바랍니다. 사실 이런 마음으로 덤비면 세상에 이루지 못할 일은 하나도 없겠지요.

'나는 할 수 있다. 나는 무조건 된다. 나는 성공한다.'라고 스스로에게 주문을 걸어보세요. 시도하지 않고 미리 겁먹을 필요는 없으니까요. 지금까지는 모든 것을 혼자 준비하고 고민해야 했기에 장애물을 만나거나 계획을 지키지 못했을 때 실패했다고 생각하셨겠지만, 지금 줌마렐라 님 앞에 펼쳐진 길은 혼자 걷는 길이 아니기에 걱정하실 필요가 없습니다. 다른 회원들과 함께 서로 격려하면서 노력한다면 분명 원하던 목표를 달성하실 수 있을 겁니다. 저도 열심히 응원해드릴게요.

오늘 저녁 10시에 저와 7기 회원들이 참여하는 온라인 모임을 가지려고 합니다. 꼭 참석하셔서, 회원들과 인사도 나누시고 좋은 정보도 많이 얻으셨으면 좋겠습니다. 성공을 기원합니다.

'그래, 나도 이제부터 내 인생을 찾을 거야. 나라고 만날 집에서 밥만 하고 있으란 법 있나? 온라인 모임에 꼭 참석해야지. 다른 사람들은 제대로 하고 있나 모르겠네. 특히 담배 끊고 싶다던 그 아저씨. 아, 기대돼.'

10시 10분 전, 클럽에 접속하니 '클럽회원 ON' 창에 낯익은 닉네임들이 보였다. 곧바로 채팅방으로 들어가, 미리 접속해 있던 회원들과 인사를 주고받았다. 같은 기수가 됐다고는 하지만 서로 얼굴도 모르고 대화를 하는 것도 처음이어서 조금은 어색했다. 하지만 다른 회원들이 말도 걸어주고 친근하게 대해주어 한결 마음이 놓였다. 그동안 클럽을 통해 모두가 서로의 상황과 목표를 알고 있었기에 분위기는 금방 화기애애해졌다.

'다들 많이 친해지신 것 같은데, 우리 모두 이번에 세운 목표를 꼭 달성하자는 의미로 한 명씩 돌아가면서 회원들 앞에서 일종의 선언 같은 걸 하면 어떨까요?'

구루의 말에 뱃살공주는 날씬하던 시절 찍은 사진을 회원들에게 전송했다. 그리고 매일 이 사진을 보면서 반드시 다이어트에 성공하겠다고 투지를 불태웠다. 절대금연은 아직도 술자리에 참석하면 흡연 욕구가 강해져서 참기가 무척 힘들다고 하소연했지만, 내년이면 초등학교에 입학하는 아이를 위해 반드시 성공하겠다고 다짐했다. 취업성공은 요즘도 이곳저곳 공고가 눈에 띄면 입사지원서를 넣느라 바쁘지만, 그나마 한두 군데 회사에서 면접을 보러 오라는 소식이 와서 위안을 삼고 있다며, 오프라인에서 만나게 되면 명함을 돌리겠다고 했다. 열정에 넘쳐 각자의 의지를 다지는 다른 회원들을 보고, 줌마렐라도 뒤질 새라 자신의 목표를 공개했다.

그녀는 결혼 1주년 기념사진과 아이의 첫돌 사진을 몇 장 보여주며, 아줌마의 저력을 보여주기 위해서라도 반드시 자격증을 따겠다고 다짐했다. 자신의 목표를 들은 다른 회원들이 '대단하시네요, 꼭 성공하세요.', '같이 파이팅해요!'라며 응원의 글을 올리자, 눈물이 날 만큼 고마웠다. 곰곰이 생각해보니, 결혼 후 10년이 지나는 동안, 누군가에게 나만의 꿈을 밝히고 격려를 받은 것은 이번이 처음인 것 같았다.

목표는 나의 힘!

게시자 구루

채팅을 시작한 지 벌써 한 시간이 다 되어가네요. 온라인이긴 하지만 그래도 다함께 만나서 인사를 나누니 한결 마음이 편하지요? 제가 없더라도 여러분끼리 자주 이메일도 주고받고 친분도 쌓으면서, 서로에게 많은 힘이 되어주었으면 좋겠습니다. 그럼 오늘 온라인 모임을 마무리하기 전에 여러분이 명심할 사항들을 다시 한 번 짚어드리겠습니다.

지난 2주일 동안 게시물을 통해, 목표경영이 무엇이고 우리가 목표경영에 실패하는 이유는 무엇인지 알려드렸습니다. 목표를 세워봤자 어차피 실패할 것이라는 걸 알면서도 매번 같은 식으로 목표를 세우는 이유는, 여러분이 그동안 목표를 '경영'하지 않고 단순히 '관리'해왔기 때문입니다.

'목표관리'와 '목표경영'의 차이점도 다시 한 번 알려드리겠습니다. 목표관리란 단순히 할 일을 점검하고 통제하는 것입니다. 계획을 실천했는지 여부에 초점을 맞추고, 일이 진행되는 과정을 중시하지요. 현실에 충실하면 미래에 뭔가 이루어질 거라는 막연한 기대감이 있기 때문입니다.

반면 목표경영은 달성하고자 하는 목표, 즉 최종 목적에 초점을 맞추고 이를 실현하기 위해 전략을 세우고 실천하는 것을 의미합니다. 미래에 되고자 하는 모습, 이루고 싶은 것을 먼저 정한 다음, 거기에 영향을 미치는 요인들을 분석해 이를 어떻게 구체적으로 실천할지 계획하는 것이지요. 따라서 목표경영을 할 때는 목표를 수치화하는 것이 매우 중요합니다. 이런 의미에서 본다면 다이어트 과정과 목표경영 과정은 같다고 할 수 있습니다. 대개 다이어트를 하는 사람들은 '안 먹고 운동하면 살이 빠진다.'라는 생각을 하기 때문에 일단 식사량을 줄이고 운동을 하는 데 주력합니다. 하지만 '먹으면 안 돼, 굶어야 해, 뛰어야 해.'라는 생각에 사로잡히다 보니 스트레스를 받게 되고, 금방 지칩니다. 그러니 도중에 포기하게 되고 그 결과는 과식, 폭식으로 이어지는 경우가 많습니다.

만약 목표를 경영하면서 다이어트를 하면 어떻게 될까요? 앞에서 말씀드렸듯이 목표경영에서는 과정보다 결과를 더 중요하게 여깁니다. 따라서 다이어트를 왜 하는지, 살을 얼마나 뺄 것인지 정확한 목표를 세우는 데 집중합니다. 그러고 나서 다이어트에 결정적인 영향을 미치는 요인을 찾아, 이를 바탕으로 전략을 세우게 되지요. 그러니 때로는 목표 자체가 완전히 바뀔 수도 있습니다. 연애를 하고 싶어서 다이어트를 하겠다는 목표를 세웠는데, 연애를 못 하는 이유가 몸매가 아닌 소극적인 태도 때문이라면, 이 사람의 목표는 '다이어트'가 아니라 '적극적인 태도 기르기'로 바뀌어야겠지요. 다이어트라는 목표를 세웠을 때 살이 찌는 이유가 움직이는 것을 싫어하기 때문이라면, 운동이 다이어트에 결정적 영향을 미치는 요인이 될 것입니다. 그러면 실천계획을 세울 때 운동을 매일 얼마나 할 것인지를 가장 중요하게 고려하겠지요. 이것이 목표경영의 결과입니다.

우리가 원하는 것은 목표한 만큼 살을 빼고, 정해진 날짜 내에 원하는 곳에 취업을 하고, 금연에 성공하고 자격증을 따는 것입니다. 며칠 굶었느냐, 몇 군데 기업에 면접을 봤느냐, 며칠 동안 담배를 참았느냐, 공부를 몇 시간 했느냐가 아닌 것이지요.

앞으로는 여러분에게 자신만의 목표를 세우고 그 목표를 경영하는 법, 목표를 수치화하고 이를 달성하는 데 영향을 미치는 요소들을 찾는 법, 이를 바탕으로 실천계획을 세우는 방법을 소개해드릴 것입니다.

지금까지는 매주 일요일 저녁에 글을 올렸는데, 앞으로는 평일에도 확인하셔야 합니다. 글도 더 자주, 많이 올라올 테니 약간은 긴장하시는 게 좋을 것 같네요. 내일 저녁에는 제가 과제를 하나 드릴 테니 화요일 저녁까지 클럽에 올려주시면 좋겠습니다. 목요일에 세 번째 글을 올릴 텐데, 과제를 미리 제출하셔야 목요일에 말씀드릴 내용을 이해하실 수 있답니다. 목요일 저녁에는 다른 약속 잡지 마시고 꼭 클럽에 접속해주세요.

오늘 7기 회원님들과 함께한 온라인 모임, 무척 즐거웠습니다. 모두 초심을 잃지 마시고, 각자 마음속에 안고 있는 목표를 향해 힘차게 파이팅하세요.

첫 온라인 모임을 마치고 나니, 다시 한 번 의욕이 샘솟는 것을 느꼈다. 언제부터인가 알파걸이나 슈퍼맘을 소개하는 방송과 기사를 볼 때마다, 마치 결혼을 하고도 자기 일을 계속하는 엄마들은 능력 있고 똑똑한 여자들이고, 자신 같은 전업주부는 부엌데기 같다는 느낌이 드는 것이 사실이었다. 그래서인지 동창회에서 친구들을 만나더라도 일을 하는 친구들을 보면 어쩐지 자신과 다르게 느껴졌고, 잡지에서 '잘

나가는 워킹맘'에 관한 기사를 읽으면 자신도 모르게 주눅 들었던 기억이 떠올랐다. 물론 전업주부 역시 육아와 가사의 전문가이긴 하지만, 이제라도 자신의 일을 갖고 싶다는 바람이 강해졌고, 클럽을 통해서라면 이룰 수 있을 것이라는 생각도 들었다.

'그래, 나도 이제 나만의 일을 찾을 거야. 베이커리 전문가가 되어 세상에서 제일 맛있는 빵도 만들고, 취업도 하고, 돈도 벌어서 인정받는 거야. 그럼 우리 딸도 엄마를 훨씬 자랑스러워하겠지?'

지금 알게 된 것을
그때도 알았더라면

진정으로 소중한 것은 우리의 현재 위치가 아니라
우리가 가고자 하는 방향이다.

'오늘 저녁에 생맥주랑 치킨 어떠냐? 내가 끝내주는 집 알아놨다. 주말에도 출근했더니 아침에 일어나기가 어찌나 힘들던지, 지하철에서 기절하는 줄 알았네.'

오후 3시. 도서관에서 하반기 취업 동향이 소개된 기사를 읽다가 쏟아지는 졸음을 이기기 위해 자판기 커피를 뽑고 있는데 문자메시지가 도착했다. 졸업도 하기 전에 동기들 중 가장 먼저 취업에 성공한, 대학 시절 내내 항상 붙어 다닌 친구가 보낸 메시지였다.

'미안. 이번주에 이력서 쓸 데가 많아서 오늘은 안 되겠다.'

'또? 짜식, 튕기긴. 너무 앉아만 있어도 안 좋아. 내가 쏠 테니까 잔말 말고 나와라.'

'오늘은 진짜 안 돼. 미안하다.'

취업성공은 휴대폰을 닫고 다시 기사에 집중하기 시작했다. 예전에는 간혹 퇴근하는 친구들을 만나 맛있는 것을 먹으러 가곤 했지만, 앞으로는 취업에 성공할 때까지 가급적이면 친구들과의 만남을 자제하기로 했다. 취업한 친구들이 맛있는 것을 사주는 것이 좋긴 했지만, 언제까지나 얻어먹을 수는 없는 노릇이니까.

심란한 마음을 달래며 자리로 돌아왔지만, 한번 흐트러진 마음을 다잡기가 쉽지 않았다. 얼마 전에도 친구 몇 명과 술자리를 가졌다가, 마음만 상했던 기억이 떠올랐다. 자신을 제외한 나머지 친구들은 모두 취업한 상태였는데, 분위기가 어느 정도 무르익자 각자의 직장생활이 자연스레 화두에 올랐다. 내심 부러우면서도 서운한 마음이 드는 것은 어쩔 수가 없었다.

저녁 늦게 집으로 돌아온 그는, 컴퓨터를 켜고 클럽에 접속해 새로운 게시물을 확인했다.

여러분, 안녕하세요?

네 분은 오늘부터 본격적으로 목표경영을 시작하게 됩니다. 다들 마음의 준비가 되셨나요?

우선 목표경영을 시작하기 전에 한 가지 짚어보아야 할 것이 있습니다. 여행을 할 때 발품을 많이 팔면 여행에 대한 만족도가 높아지듯, 목표경영을 할 때에도 철저히 준비하면 할수록 실천하기가 쉬워진답니다. 자신의 성격이나 습관을 잘 알아야 본인에게 맞는 목표를 제대로 세우고 실천할 수 있다는 것은 굳이 말할 필요가 없겠지요?

'계획 점검표'를 첨부했으니 다운 받아서 작성해주세요. 작성하실 때는 너무 오래 생각하지 말고, 생각나는 대로 곧바로 체크하시면 됩니다. 어디까지나 자신의 상황과 습관을 파악하기 위한 것이니, 있는 그대로 솔직하게 작성해주시기 바랍니다.

다 작성하신 분은 내일 저녁까지 이 게시판에 올려주세요. 결과와 평가는 목요일에 올릴 글에서 말씀드리겠습니다.

계획 점검표

문항	평가 항목	1	2	3	4	5
1	나는 목표달성에 영향을 미치는 나의 강점과 약점을 파악하고 있다.					
2	나는 목표를 달성하여 나의 비전을 이룰 수 있다.					
3	나는 목표를 달성하기 위해 계획한 내용들을 실천하고 있다.					
4	나의 목표는 내가 목표달성을 통해 이루고자 하는 모습을 나타내고 있다.					
5	나는 목표달성에 영향을 끼치는 성공 요인과 장애 요인들을 알고 있다.					
6	나는 나의 목표를 주변 사람들에게 적극적으로 알리고 실천한다.					
7	나는 다른 사람의 성공사례를 나에게 맞게 응용한다.					
8	나는 목표를 달성하는 데 필요한 역량이 무엇인지 알고 있다.					
9	나는 목표달성에 영향을 끼치는 장애물을 극복하기 위해 대책을 세운다.					
10	나는 과거의 실패 경험을 되풀이하지 않기 위해 어떻게 해야 하는지 알고 있다.					
11	나의 목표는 쉽게 달성할 수 있는 것이 아니다.					
12	나는 목표를 달성하는 과정을 정기적으로 점검한다.					

문항	평가 항목	1	2	3	4	5
13	나는 향후 목표달성에 영향을 미칠 요소를 예측하여 전략에 반영한다.					
14	나는 목표를 달성하는 과정에서 경험한 작은 성공을 바탕으로 동기를 부여받는다.					
15	나는 목표를 수치화한다.					
16	나는 목표를 달성하기 위한 계획을 충분히 실천할 수 있다.					
17	나는 목표를 달성했는지 여부보다 얼마나 제대로 달성했느냐를 중시한다.					
18	나는 목표를 달성하기 위해 실천할 계획들을 세분화하여 구체적으로 나타낸다.					
19	나는 전략을 수립할 때 목표를 세분화한다.					
20	나의 목표는 실현 가능하면서도 도전적이다.					
21	나는 목표를 달성하기 위해 나에게 필요한 역량을 꾸준히 계발한다.					

계획 점검표 답안지

목표	문항	2	4	8	11	15	17	20	평균(합계/7)
	점수								
전략	문항	1	5	7	9	10	13	19	평균(합계/7)
	점수								
실천계획	문항	3	6	12	14	16	18	21	평균(합계/7)
	점수								

전혀 그렇지 않다 1점, 그렇지 않다 2점, 보통이다 3점, 그렇다 4점, 매우 그렇다 5점

그는 평소 신문이나 잡지에 실리는 심리테스트나 적성테스트 하는 것을 좋아했기에 열심히 점검표를 작성했다. 그런데 처음에는 그저 재미로 체크를 했지만, 몇 문항 풀다 보니 그동안 자신이 어떤 식으로 취업 준비를 해왔는지 하나둘 떠오르기 시작했다. "내일부터 할 거야."라는 말을 반복하면서 친구들과 밤새 술을 마셨던 일, 언론에 소위 뜬다 하는 업종이 소개될 때마다 거기에 따라서 입사지원서의 지원동기 내용을 바꾸었던 일, 선배들에게 족보를 빼달라고 조르기만 했던 일, 잘 나가는 사람들을 볼 때마다 '백이 있을 거야.'라고 의심했던 일, 취업사이트에 올라온 타인의 입사지원서 내용을 그대로 베꼈던 일……. 나만 계속 떨어진다고 생각했는데, 살펴보니 내가 정말 하고 싶은 일이 무엇인지, 내가 어디에 관심이 있고 뭘 잘할 수 있는지 진지하게 고민해본 적이 거의 없었다는 것을 알게 되었다.

취업성공은 작성한 점검표를 게시판에 올리고, 점수를 계산해보았다. 평균점수는 목표가 2.1점, 전략은 2.6점, 실천계획은 2.7점으로 나왔다.

'역시 내가 처음부터 목표를 제대로 세우지 못했구나. 지금까지 헛고생만 했네.'

그날 밤, 그는 침대에 누워 잠들기 직전까지 취업 목표를 다시 세워보았다.

'대체 뭘 하면 올해 안에 취업할 수 있을까? 솔직히 아무데나 갈 생각은 없는데. 요즘처럼 취업난이 심각한 시기에, 무턱대고 들어갔다가 1, 2년 만에 퇴사할 수도 없고……. 적어도 10년, 20년 이상 다니려면 내가 무슨 분야에서 일하고 싶은지 먼저 찾아야겠지? 회사 이름을 보지 말고 먼저 분야부터 정하는 게 좋을 것 같군. 그런데 전공과 맞지 않아도 괜찮을까? 아무리 생각해도 난 공대 체질은 아닌 것 같단 말이야……. 부모님이 반대하시더라도 문과로 갔어야 했는데. 입학할 때 벤처기업인지 뭔지가 뜬다고 무턱대고 과를 정한 게 잘못이었어. 그런데 내가 다른 분야로 지원하면, 회사에서 받아줄까? 공대 출신이라고 불이익 당하지는 않을까?'

이런저런 생각이 꼬리에 꼬리를 물고 이어지니, 쉽게 잠이 들 수 없었다. 내 인생의 목표가 무엇인지 자기 자신도 모르고 있었다는 걸 알았으니 이제 제대로 된 목표를 찾아야 하는데, 그러면 너무 멀리 돌아가는 것 같았다. 아무리 생각해도 해답이 나오지 않자, 그는 자리에서 벌떡 일어나 구루에게 보낼 이메일을 쓰기 시작했다. 이메일을 보내고 자리에 누운 그는, 그제야 잠을 청할 수 있었다.

다음 날 저녁, 취업성공은 도서관에서 일찌감치 돌아와 컴퓨터 앞에 앉았다. 클럽에는 세 번째 글이 올라와 있었다. 자신이 작성한 점검표 결과가 어떤지 궁금해 서둘러 게시판을 클릭해보았다.

 필독 결과가 나왔습니다. 모두 확인하세요~

게시자 **구루**

지난번에 말씀드린 대로, 오늘부터 목표경영에 대해 본격적으로 알아보도록 하겠습니다. 지금까지 이론 위주의 지식을 알아보았다면, 이제부터는 여러분이 직접 목표와 전략과 실천계획을 세우는 작업을 하게 된답니다. 먼저, 여러분이 올려주신 점검표 분석 결과를 알려드리겠습니다.

취업성공 님은 목표를 제대로 설정하지 못한 것으로 나왔네요. 절대금연 님과 뱃살공주 님은 전략을 세우는 데 약하고, 줌마렐라 님은 목표를 설정하고 전략을 수립하는 것은 어느 정도 되는데, 실천계획을 구체적으로 세우고 이를 행동으

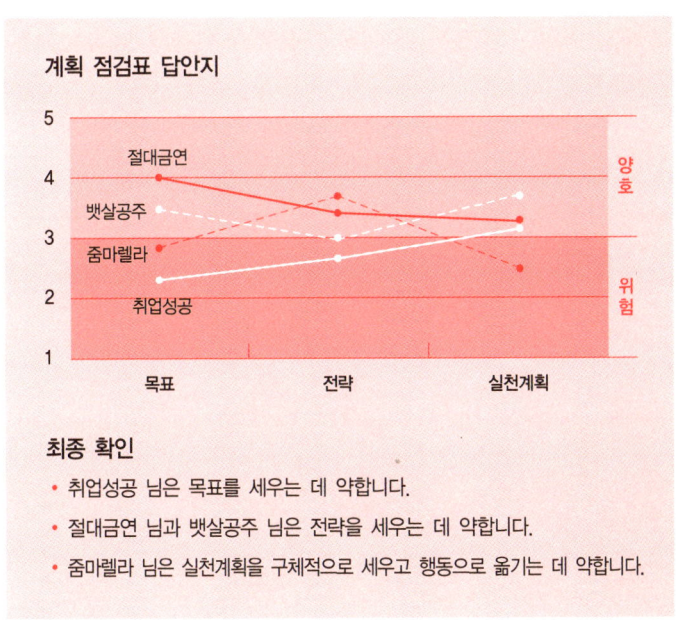

계획 점검표 답안지

최종 확인

- 취업성공 님은 목표를 세우는 데 약합니다.
- 절대금연 님과 뱃살공주 님은 전략을 세우는 데 약합니다.
- 줌마렐라 님은 실천계획을 구체적으로 세우고 행동으로 옮기는 데 약합니다.

로 옮기는 과정이 취약합니다. 지금부터 한 사람씩 차례대로 부족한 부분과, 이를 어떻게 개선할 수 있는지 알려드릴 테니 잘 읽어보시기 바랍니다. 다른 분들께 설명하는 내용도 관심 있게 확인하시면 더 좋을 것 같습니다.

우선, 목표를 설정하고, 전략을 세우고, 실천계획을 수립하는 과정을 등반에 비유해서 말씀드리겠습니다. 이 과정은 크게 3단계로 구분할 수 있습니다.

.

눈이 내린 다음 날, 설경을 보기 위해 덕유산 향적봉까지 등반을 하려고 합니다. 목표는 '오전 9시에 출발해 12시까지 향적봉에 도착하기'입니다. 그저 '향적봉까지 가기'가 아니라 정확한 시간이 나타나 있다는 것을 확인할 수 있지요? 여기서 여러분이 지금껏 세웠던 목표의 첫 번째 문제점을 확인할 수 있습니다. 눈치 채셨나요? 여러분이 세운 목표에는 '구체적인 기간'이 빠져 있었지요.

이제 세 시간 만에 향적봉에 도착하기 위한 전략을 세워 봅시다. 향적봉까지 가는 방법은 여러 가지가 있지만, 단시간 내에 도착하기 위해서는 우선 코스를 제대로 선택해야 합니다. 그럼 나에게 맞는 코스를 선택하는 방법을 알아보도록 하겠습니다.

첫째, 환경을 분석해야겠지요. 등반을 계획한 날 급한 약속이 잡히거나, 중요한 업무가 생겨 출근해야 하거나, 집안에 중요한 일이 생길 수도 있습니다. 하지만 이런 경우는 미리 예측할 수 있으니, 이 상황에서는 날씨가 최대 요인으로 작용합니다.

둘째, 돈과 시간, 체력 등 내가 가진 능력을 분석해야 합니다. 눈이 온 다음 날이라면 당연히 춥겠지요? 특히 산속

덕유산 향적봉 등반 계획

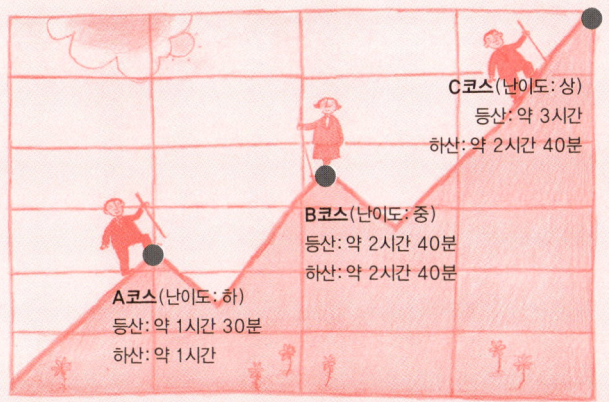

C코스(난이도:상)
등산: 약 3시간
하산: 약 2시간 40분

B코스(난이도:중)
등산: 약 2시간 40분
하산: 약 2시간 40분

A코스(난이도:하)
등산: 약 1시간 30분
하산: 약 1시간

목표 오전 9시에 산행을 시작해, 12시까지 향적봉에 도착

전략(등산로 선택)

① 환경요인 : 날씨가 어떠한가?(바람 / 눈 / 비 / 안개 / 햇빛)

② 역량 : 현재 나의 체력으로 얼마 만에 오를 수 있는가?

　→B코스 선택

실천계획

① 20분 걷고 5분 휴식

② 날씨가 더울 경우 탈수증에 걸리지 않도록 30분마다 물 마시기 / 눈이나 비가 올 경우 체온 유지를 위해 휴식시간에 따뜻한 물 마시기

③ 땅을 밟을 때는 발바닥 전체를 사용하기

④ 전체 체력(100)을 기준으로 등산 시 40%, 하산 시 30%를 사용하고 30%는 예비 체력으로 비축해두기

목표경영에 성공하는 실행과정 모델

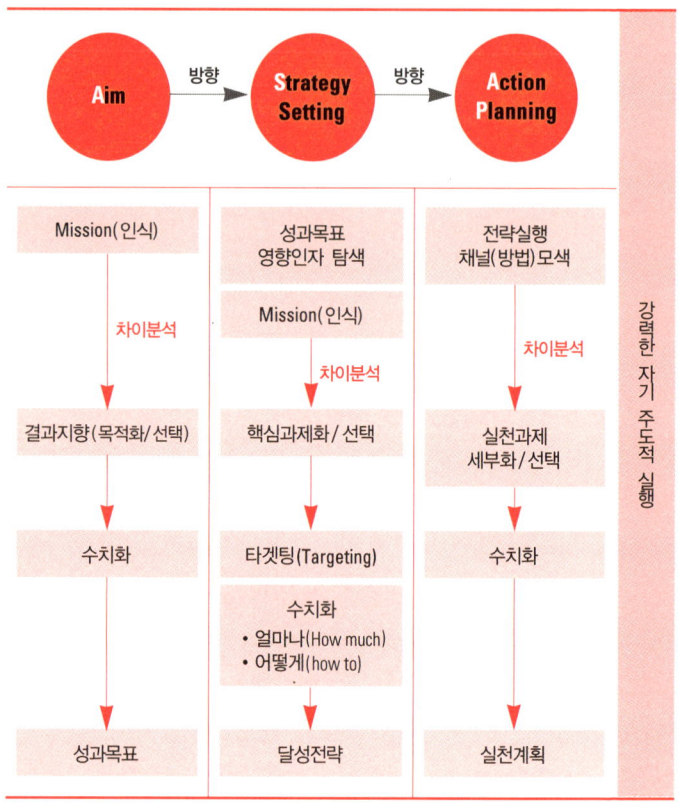

에서는 체감온도가 낮기 때문에 과연 내 체력으로 세 시간 만에 등반에 성공할 수 있을지 따져보아야 합니다.

이렇게 외적 조건을 분석해 특정 코스를 선택했다면, 이번에는 그 코스를 목표한 시간 내에 아무 탈 없이 완수할 수 있도록 구체적인 계획을 세워야 합니다. 지치지 않도록 걷는 시간과 쉬는 시간을 잘 조절해야 하고, 체온도 유지해야합니다. 또 하산할 때를 고려해 체력 안배에도 신경 써야 합니다.

이제 어느 정도 가닥이 잡히나요? '목표경영 실행과정' 그림을 보면 확실하게 이해가 되실 겁니다. 이 그림은 여러분이 어떤 과정을 거쳐 목표를 경영하는지 보여줍니다.

이 그림을 보면서 다시 한 번 말씀드리지요. 사람들이 목표를 경영하는 데 실패하는 이유 중 하나는 '나는 목표를 잘 세웠다.'라고 착각하기 때문입니다. 하지만 우리 주변에 목표를 제대로 세우는 사람은 거의 없습니다. 목표를 잘 세웠는지 아닌지 여부를 판단하는 기준이 무엇인지, 이제 아시겠지요? 목표를 잘 세우려면, 목표를 무조건 수치로 나타내야 합니다.

· 살빼기	· 담배 끊기

이것은 뱃살공주 님과 절대금연 님을 비롯한 전 국민의 목표입니다. 아마 누구나 한 번쯤은 냉장고 문이나 다이어

리에 이런 글을 써 붙인 경험이 있을 것입니다. 그런데 여러분은 이 목표를 보고 제대로 다이어트와 금연을 실천할 수 있다고 생각하세요? 이 문구를 어떻게 수정하면 더 좋은 목표가 될지 한번 살펴봅시다.

- 사흘 동안 군것질하지 않기
- 나흘 동안 담배 들고 다니지 않기

'살빼기'와 '사흘 동안 군것질하지 않기', '담배 끊기'와 '나흘 동안 담배 들고 다니지 않기' 중 어느 쪽이 더 도전하고 싶고, 달성하고 싶은 느낌이 드나요? 작심삼일이라는 말은 괜히 있는 게 아니랍니다. 누구든지 처음 목표를 실천할 때는 열정이 가득하기 때문에 2, 3일 정도는 잘 버틸 수 있습니다. 그러니 목표를 세울 땐 처음부터 4, 5일 단위로 계획하는 것이 좋습니다. 이렇게 조금씩 기간을 늘려가다 보면, 자신감도 생기고 목표를 실천하기도 한결 쉬워질 겁니다.

마라토너 입장에서는 기록을 세우는 것도 중요하지만 42.195km를 완주할 수 있도록 페이스를 유지하면서 체력을 적절히 안배하여 달리는 것이 더 중요합니다. 처음부터 선두를 유지하려고 애쓰다 보면 중간에 지쳐 코스를 완주하기가 힘들어지기 때문입니다. 우리도 마찬가지입니다. 우리의 최종 목표가 연예인 몸매 만들기나 10kg 감량이라면, 이 목표를 이루기 위해 세분화된 전략을 세우고 이를 단계별로 실천해야 성공할 확률이 커집니다. '사흘 동안 군것질하지 않기'는 '연예인 몸매 만들기'라는 목표를 향한 하나의 과정일 뿐입니다. 겨우 사흘 동안 군것질을 하지 않았다고 해서 거기에 만족해 흐트러지는 일은 없어야겠지요.

보다 넓게, 보다 멀리 보세요. 목표를 실천하는 과정도 중요하지만 우리가 얻고자 하는 것은 최종결과입니다. 그러니 우리는 과정이 아닌 결과를 중심으로 목표를 세워야 합니다. 우리가 진정으로 원하는 것은 '원하는 만큼 체중 감량하기, 담배 완전히 끊기'지, '사흘 동안 군것질하지 않기, 나흘 동안 담배 들고 다니지 않기'가 아니니까요.

이제 '사흘 동안 군것질하지 않기'를 예로 들어 목표를 다시 세워보겠습니다.

6개월 안에 10kg 감량

자, 어떤가요? 목표를 수치로 나타내니 더 명확하지요? 앞으로 뭘 해야 하는지도 한눈에 보이고요. 목표는 이렇게 세워야 합니다. 이 목표를 바탕으로 하루, 일주일, 보름, 한 달 단위로 전략을 세워 실천하면, 우리는 자연스럽게 '6개월 안에 10kg 감량'이라는 최종목표를 이루게 됩니다.

앞으로 목표를 세울 때에는 예상 기간, 수치 등을 구체적으로 나타내보세요. 그럼 이 내용을 바탕으로, 여러분의 목표를 수치화하여 다시 세워보겠습니다.

- 뱃살공주 님의 목표 : 6개월 안에 10kg 감량
- 절대금연 님의 목표 : 3개월 안에 담배 완전히 끊기
- 줌마렐라 님의 목표 : 5개월 안에 베이커리 자격증 따기
- 취업성공 님의 목표 : 1년 안에 국내 30대 기업 마케팅 팀 입사

어떤가요? 훨씬 구체적이고 긴박하게 느껴지지요? 여러분은 오늘부터 이 목표를 기억하고, 이 목표를 실현하기 위해 노력하셔야 합니다. 이 목표를 써서 다이어리나 지갑에 넣고 다니거나, 컴퓨터 모니터 앞, 책상 유리 아래, 냉장고

앞에도 붙여두시면 더욱 좋을 것 같네요.

물론 이 목표를 달성하기가 쉽지 않을 것입니다. 일단 자신과 먼저 싸워야 하고, 주변의 유혹도 뿌리쳐야 하니까요. 하지만 그런 어려움이 생길 때, 이미 이 클럽에서 목표를 달성한 다른 회원들을 생각하면 도움이 되지 않을까 하는 생각을 해봅니다.

이틀 뒤에 여러분 각자의 목표를 달성하기 위한 전략을 세우는 방법을 알려드릴게요. 여러분도 이틀 동안 고민해보시고, 클럽에서 더 많은 정보를 얻으시길 바랍니다.

취업성공은 '1년 안에 국내 30대 기업 마케팅팀 입사'라는 자신의 목표를 뚫어지게 바라보았다. 구루의 글과, 그가 세워준 자신의 목표를 보고 나니 지금까지 왜 그렇게 헤맸는지 확실히 알 수 있었다. 또, 어젯밤까지 고민하던 걱정이 더 이상 걱정거리가 아닌 새로운 도전으로 자신 앞에 다가오는 것 같았다.

'국내 30대 기업 마케팅팀 입사라니, 생각만 해도 근사한데! 구루가 내 이메일을 읽었으니 이런 목표를 세워줬겠지?

아, 이대로 이루어지기만 하면 얼마나 좋을까? 좋아, 나라고 못할 것 없잖아? 나도 이번엔 꼭 취업해서, 남들처럼 양복에 넥타이 차림으로 출근할 거야. 무조건 할 수 있다! 아자아자!'

그는 다이어리를 꺼내 커다랗게 '국내 30대 기업 마케팅팀 입사'라고 적었다. 그러고 나서 국내 주요 기업의 홈페이지를 하나씩 접속해보았다.

'내년에는 이 중 한 기업의 명함을 가지고 말 거야.'

그는 옷장에 얌전히 걸려 있는 양복과 넥타이를 만지작거리며, 이 옷을 입고 출근하는 모습을 상상해보았다.

뱃살아, 담배야!
이제 우리 그만 헤어져!

나는 오랫동안 명상한 결과 다음과 같은 확신을 얻게 되었다.
확고한 목표를 지니고 있다면, 그것을 반드시 성취하고자 하는
의지를 꺾을 만한 것은 아무것도 없다.

"이봐! 여기!"

삼겹살 굽는 냄새와 연기, 시끌벅적한 이야기 소리가 가득한 식당 안으로 들어서니, 방 안에 앉아 있던 동기 한 명이 절대금연을 보고 손짓을 했다.

"야, 진짜 반갑다. 다들 잘 지냈어?"

"정말 오랜만이다. 작년 연말에 보고 처음 보는 건가? 매번 말로만 자주 보자고 하는 것 같아."

"다들 어찌나 바쁜지 시간 맞추기가 너무 어려워. 그래도

오늘은 멤버 전원이 다 모였네."

이날은 올해 들어 처음으로 군대 동기들과 모이는 날이었다. 매달 한 번씩은 모이자고 이야기하지만, 서로 바쁘게 살다 보니 모두가 한자리에 모이기란 그리 쉬운 일이 아니었다.

"그런데 넌 지난 송별회 모임 때보다 얼굴이 더 상한 것 같다. 건강관리 안 하냐?"

A가 소주잔을 건네다 말고 정곡을 찔렀다. 눈만 마주치면 서로를 못 잡아먹어 안달인 두 사람이지만, 그만큼 죽이 잘 맞았다.

"너 주말에 운동 하는 거 없어? 요즘 젊은 애들은 몸을 엄청 사리더라고. 이번에 우리 회사에 입사한 신입 중에는, 무슨 여자들처럼 화장품 챙겨 바르는 녀석들도 있더라."

"세상 참 많이 바뀌었지. 난 가끔 텔레비전에 군대 나오는 것 볼 때마다, 저게 무슨 군대인가 싶어. 무슨 군대가 저렇게 좋아? 싶기도 하고."

"그만큼 우리가 늙었다는 증거지, 뭐. 올해 들어서는 정말 내 몸이 내 몸 같지 않아. 우리 회사가 5층인데, 얼마 전에 엘리베이터가 고장 나서 걸어 올라갔거든. 그런데 고작 5층까지 걸었다고 숨이 차서 못 견디겠어."

"그러니까 우리도 지금부터 부지런히 몸 챙겨야 해. 난 우리 집사람한테 보약 좀 지어오라고 했다가 구박만 받았다. 돈도 못 벌면서 무슨 보약이냐고, 그냥 주말에 늦잠 자지 말고 등산이나 다니라나?"

"야, 그래도 넌 나보다는 낫다. 우리 집사람은 얼마 전부터 재즈댄스인가 뭔가 배운다고 난리를 치더니, 나보다 더 바빠. 주말에 늦잠 자고 일어나보면 집에 나밖에 없다니까. 애들은 학원에 가지, 집사람은 춤 배우러 다닌다고 정신없지. 주말 내내 나 혼자 드라마 재방송 보다 보면 하루가 다 간다고."

모처럼 만난 동기들과 이런저런 얘기를 나누면서 와글거리다 보니, 스트레스가 저절로 풀렸다.

"너도 한 대 피워라."

그때, 옆에 앉아 있던 동기 한 명이 담배를 입에 물며 절대금연에게도 한 개비 내밀었다. 그런데 '난 됐어.'라는 말을 하려던 순간 동기가 담배 연기를 내뿜자, 자신도 모르게 담배 생각이 간절해졌다.

"뭐하냐? 안 받고. 너 금연하냐?"

"어? 아, 그게……. 사실 이번에 담배를 좀 끊어보려고."

"아이고, 짜식. 금연은 무슨. 이 팍팍한 세상에 담배 피우는 낙도 없으면 무슨 재미로 사냐? 됐어, 오늘까지만 피우고 내일부터 끊어라."

동기는 직접 손에 담배를 쥐어주었다. 낮 동안은 잘 참았지만, 막상 눈앞에 담배가 보이니 참기가 힘들었다.

'오늘같이 즐거운 날, 한 대 정도 피우는 건 괜찮겠지? 낮에 회사에선 한 대도 안 피웠으니까.'

잠시 망설이긴 했지만, 이내 담배에 불을 붙여 한 모금 피웠다. 일행과 함께 열심히 웃고 떠드느라 밤이 깊어가는 줄도 몰랐다.

다음 날 오전.

"그럼 오늘 회의는 여기까지 합시다. 다들 수고했어요. 김대리는 오늘 회의에서 논의된 사항들을 정리해서 나한테 따로 제출해주세요."

말이 끝나기가 무섭게 직원들이 회의실을 빠져나갔다. 회의가 끝나기만을 기다렸다는 듯 흩어지는 모습을 지켜보고있자니, 왠지 모를 소외감 같은 것이 느껴졌다. 얼마 남지않은 상반기 평가에서 좋은 점수를 받으려면 팀 전체가 똘똘 뭉쳐서 열심히 달려도 부족한 감이 있는데, 자꾸 혼자서만 목에 핏대를 세우는 것 같다. 하긴, 부서 평가 결과가 좀 나빠도 1차적 책임은 내가 지게 되니까 저들은 나만큼 절실하지 않겠지. 걱정이다. 이번 평가 결과에 따라서 하반기에 차장으로 승진할 수 있느냐 없느냐가 결정되는데…….

전날 늦게까지 술을 마셔서인지 온몸이 쑤셨다. 사우나에 가서 푹 자고 싶은 생각만 가득하다. 그는 무심결에 양복 안주머니에 넣어둔 담배를 꺼내려다, '아차!' 하는 생각에 손을 거두었다.

'어제 내가 몇 대나 피웠지? 식당에서 피운 것만 세 대는 넘는데, 2차로 맥주 마시러 가서도 피운 것 같단 말이야.'

클럽에 가입하면서까지 금연을 하겠다고 결심해놓고 며칠 지나지 않아 이렇게 흐트러지는 자신에게 화가 났다. 하지만 직장생활을 하면서 금연을 실천하는 데에는 여러 가지 복병이 따르는 것이 사실이었다. 석 달 내에 완벽하게 금연한다는 목표는 세웠는데, 과연 이것이 나 혼자만의 힘으로 될지 의심스러웠다. 그는 이따 점심시간에 구루에게 이메일을 보내 도움을 요청해야겠다고 생각하며 자리로 돌아왔다.

같은 시각, 뱃살공주 역시 엉망진창인 컨디션으로 인해 멍

하니 앉아 있었다. 전날 새벽 1시가 넘어서 귀가하는데 갑자기 폭우까지 쏟아져서, 심한 감기몸살에 걸린 것이다. 일은 손에 잡히지 않고 머릿속에는 온통 뜨끈뜨끈한 국물 생각만 가득해서, 그녀는 점심시간이 되자마자 회사 근처 식당으로 달려가 콩나물국밥 한 그릇을 뚝딱 비워냈다.

사무실로 돌아오는 길에 무심코 스타벅스에 들른 그녀는, 평소처럼 휘핑크림을 추가한 바나나 모카 프라푸치노를 주문하려다 멈칫했다. 오전에 '테이크아웃 커피전문점의 커피 한 잔 칼로리가 곱창전골 1인분과 맞먹는다.'라는 신문기사를 읽었기 때문이다.

'이상하네. 오늘따라 왜 이렇게 달달한 게 당기지? 어제 삼겹살 먹었는데 오늘 이것까지 마시면 너무 심한가? 그래도 아메리카노는 솔직히 쓰기만 해서 못 마시겠던데……. 아, 어떡하지?'

뱃살공주는 계산대 앞에서 뭘 골라야 하나 고민하다가, 눈을 질끈 감고 바나나 모카 프라푸치노를 주문했다. '먹고 싶은 걸 못 먹고 스트레스 받느니, 맛있게 먹고 저녁에 운동하는 게 정신건강에 더 좋아.'라고 스스로를 합리화시키면서.

사무실로 들어와 휘핑크림을 커피에 섞어 휘휘 젓고는, 굵

다란 빨대로 커피를 한 모금 빨아들였다. 달착지근한 맛이 입 안 가득 퍼지자 역시 이 메뉴를 주문하길 잘했다는 생각이 들었다.

점심시간이 20분 정도 남아 인터넷을 하고 있는데, 후배 B가 다가왔다.

"대리님, 뭐하세요? 안색이 안 좋아 보여요."

"어제 비 쫄딱 맞고 1시 넘어서 들어갔거든. 감기몸살에 걸린 것 같아. 그것도 아주 단단히."

"그럼 약이라도 드세요. 저한테 해열제 있어요."

B는 손에 들고 있던 머그컵을 내려놓은 다음 해열제를 가져다주었다. 컵 안을 슬쩍 들여다보니 까만 액체가 담겨 있었다.

"이건 뭐야? 한약 먹어?"

"아니오, 커피예요. 블랙커피."

"너 원래 블랙커피 마셨어? 난 써서 싫던데."

"저도 바꾼 지 얼마 안 됐어요. 커피 칼로리가 의외로 엄청나다는 기사를 봤거든요. 참, 다이어트는 잘 되고 있어요?"

"어휴, 말도 마. 꼭 뭔가 해보려고 하면 며칠 지나지 않아서 술자리에 회식에 친구들 모임까지, 온갖 약속이 다 잡힌

다니까. 어제도 밤 11시까지 소주 마셨어.”

“그래서 전 다이어트 한다는 말 못하겠어요. 차라리 약속 장소에서 먹고 그날 밤을 새서 운동을 하면 했지, 다이어트 한다고 말하면 사람들이 일부러 더 괴롭혀요. 초콜릿 같은 것 사주면서 먹을래? 먹고 싶지? 이러고.”

“넌 다이어트 할 필요 없잖아? 날씬하면서 뭘 그래.”

“아니에요. 옷으로 가리고 있는 거예요. 배랑 허벅지는 장난이 아니거든요.”

날씬한 후배가 이런 소리를 하니 왠지 자신이 미련하게 느껴졌다. 괜히 후배가 얄미웠다.

그날 저녁, 퇴근길 버스에서 마주친 또래 직장 여성들이 하나같이 얇고 화사한 옷차림을 하고 있는 것을 보니 또다시 죄책감이 들었다. 하지만 우울한 기분을 떨치려고 퇴근길에 샌들이라도 살까 하던 마음이, 오늘이 새로운 글이 업데이트 되는 날이라는 것을 떠올리는 순간 단번에 사라져버렸다.

서둘러 집에 도착한 뱃살공주는 재빨리 방으로 들어가 컴퓨터를 켜고 클럽에 접속했다. 클럽 게시판에 ‘new’가 깜박이는 것을 보니 마음이 급해졌다.

필독 내가 나를 모르는데~목표인들 나를 알겠느냐~

게시자 **구루**

여러분, 좋은 하루 보내셨나요? 약속도 많고 할 일도 많은데 이렇게 매번 시간을 내기가 쉽지 않죠? 그렇지만 여러분의 목표가 곧 이루어질 것이라 기대하면서 항상 긍정적으로 생각하시길 바랄게요. 지난번에 당부했던 '목표를 달성할 실천방법 구상하기'는 다들 해보셨을 거라 믿습니다.

오늘 알려드릴 내용을 소개하기 전에, 며칠 전에 읽은 신문기사를 소개하겠습니다.

'금연·다이어트' 성공비법, 성별에 따라 다르다

대부분 사람들은 새해가 되면 금연이나 다이어트를 목표로 세우지만, 이 중 성공하는 사람은 10%에 불과한 것으로 나타났다. 영국 하트퍼스셔 대학 와이즈만 박사 팀이 3,000명을 대상으로 1년 동안 연구한 결과, 참여자의 절반 이상이 새해 결심을 지킬 수 있다고 대답했지만, 실제로 연말에 이 목표를 달성한 사람은 12%에 불과한 것으로 조사되었다. 남성의 경우, 일주일에 몇 kg을 줄이겠다는 식으로 목표를 구체적으로 세우면 성공할 가능성이 22% 가량 높아지는 것으로 나타났다. 반면 여성은 자신의 계획을 다른 사람들에게 알리고 지지를 받을 때 성공할 가능성이 10% 가량 높아지는 것으로 조사되었다.

이 기사를 보면 알 수 있듯, 같은 계획을 실천하더라도 성별에 따라 어떤 영향을 더 많이 받는지는 다릅니다. 이런 차이를 발견하려면 무엇보다 자신을 잘 분석하고, 왜 이 목표를 세웠는지 알아야 합니다. 그런데 자기만의 목표와 계획이 없는 사람은 자신의 성격이나 장·단점은 생각하지 않고 무작정 남들이 성공했다는 방식만 따라 하게 됩니다. 그러다 보니 일은 자꾸 실패로 끝나고, 시간은 시간대로 낭비하는 결과가 발생하게 되지요.

우리는 지난번에, 각자에게 적합한 목표를 세웠습니다. 이제는 이 목표를 달성하기 위한 준비를 해야 합니다. 즉 전략을 짜야겠지요. 목표를 달성하는 데 영향을 끼치는 것이 무엇인지 파악하고, 이를 바탕으로 핵심과제를 도출하는 것입니다. 이때도 모든 과정을 수치로 나타내는 것이 중요합니다.

勝兵先勝而後求戰, 敗兵先戰而後求勝
(승병선승이후구전, 패병선전이후구승)

전쟁에서 이기는 자는 먼저 이긴 후 전쟁을 시작하지만
전쟁에서 지는 자는 전쟁을 먼저 시작하고 나서 이길 방
법을 찾는다.

— 손자(孫子), 《손자병법》 중 군형편(軍形篇)

중국 춘추전국 시대에 활동했던 전략가 손무의 《손자병
법》에 나오는 명언입니다. 이 말을 목표경영에 빗대어보자
면, 성공하는 사람은 목표와 전략을 먼저 세우고 일을 시작
하지만, 실패하는 사람은 일을 시작하고 나서 목표와 전략
을 세운다는 의미로 해석할 수도 있을 것 같네요. 항상 강조
하지만, 목표를 제대로 달성하기 위해서는 일단 내가 무엇
을, 언제까지, 어떻게 달성할지 구체적으로 정해야 합니다.
그래야 도중에 포기할 확률도 줄어들고, 설령 한두 번 실패
하더라도 빨리 대책을 마련해 다시 도전할 수 있습니다.

여행을 할 때만 해도, 얼마나 많은 것을 준비합니까? 예
산을 짜고 항공비와 숙박비를 정하고, 공항에서 숙소까지 어
떻게 갈지, 머무르는 동안 어느 곳을 방문할지, 어디서 며칠

이나 머무를지, 식사는 어떻게 해결할지, 쇼핑은 얼마나 할지, 짧게는 며칠에서 길게는 한 달이 넘게 머리를 싸매고 인터넷을 뒤져가며 계획을 세웠다가 수정하기를 반복합니다. 단순히 머리를 식히러, 혹은 주말을 보내러, 혹은 휴가를 즐기러 잠깐 여행을 다녀올 때에도 이렇듯 열심히 계획을 세우는데, 우리의 삶을 바꿀 수도 있는 인생 계획을 짤 때는 얼마나 신중해야 하겠습니까?

지금부터 여러분이 목표를 달성하기 위해 어떤 전략을 세워야 하는지 알려드리겠습니다. '전략'이라는 말이 거창하게 들릴 수도 있을 텐데요. '전략은 삼성이나 현대 같은 대기업에서 세우는 거 아닌가? 다이어트나 금연 계획을 세우는데 전략이라니, 너무 오버하는 거 아냐?'라고 생각하실 수도 있을 겁니다. 하지만 전략이 무엇인지 이해하게 되면, 앞으로 모든 목표를 세울 때 전략도 함께 세우게 될 것입니다.

전략이란, 한마디로 말해 목표를 달성하는 데 가장 크게 작용하는 변수가 무엇인지 파악하고, 이를 어떤 식으로 활용할지 정하는 것입니다. 지금부터 전략을 세우는 방법을 알려드릴 테니 잘 기억해두시기 바랍니다.

첫째, 목표를 달성하는 데 영향을 미치는 긍·부정적 요소들을 파악하세요.

어린 시절 엄마 손에 이끌려, 혹은 학교에서 친구들과 단체로 줄 서서 맞았던 예방주사를 기억하시지요? 병에 걸리지 않기 위해 예방주사를 맞는 것처럼, 목표를 달성할 때도 그 목표에 영향을 미치는 요소에는 무엇이 있는지 미리 예측하고 대비해야, 처음 세웠던 목표를 무사히 달성할 수 있습니다.

'6개월 안에 10kg을 감량한다.'라는 목표를 세우더라도, 6개월 내내 기계처럼 같은 시간에 같은 음식만 먹고 같은 운동을 하면서 다이어트를 하는 사람은 없습니다. 평일이냐 주말이냐, 일찍 퇴근하느냐 야근을 하느냐, 회식을 하느냐 친구를 만나느냐에 따라 열심히 실천하던 다이어트 계획이 하루아침에 물거품이 되는 경우는 또 얼마나 많습니까? 하지만 기간을 정해두면 그 기간 내에 있을 중요한 일정, 친한 친구의 생일이나 지인의 결혼식, 전 직원이 참석하는 회식이나 주말 도깨비 여행, 명절, 집안 대소사 정도는 미리 파악할 수 있습니다. 그러면 그날은 점심 식사량을 줄이거나 며칠 전부터 운동량을 늘리는 등 미리 대책을 세울 수 있겠지요. 반드시 참석해야 하는 자리가 아니라면 저녁 식사 약속을 잡지 않을 수도 있고, 야근을 하게 되면 그날만 별도의 계획을 세울 수도 있습니다.

전략을 이렇게 세부적으로 세우는 이유는, 꾸준히 잘 실천하던 목표달성 과정이 한순간의 유혹으로 물거품이 되는 것을 방지하기 위해서입니다. 이 작업에 한번 재미를 붙이면 목표를 달성하는 과정이 더욱 즐거워지기도 한답니다. 그러니 우리는 전략을 세울 때 긍정적인 요소는 기회로 활용하고 부정적인 요소는 잘 방지할 필요가 있습니다.

둘째, 내가 가진 능력이 어느 정도인지, 어느 정도의 노력을 기울일 수 있는지 파악하세요. 컴퓨터는 시간과 장소에 상관없이 여러 가지 정보를 단번에 처리할 수 있지만, 우리는 사람이기 때문에 그렇게 할 수 없습니다. 우리의 능력은 정해져 있습니다. 그러니 주어진 범위 내에서 최대한의 효과를 낼 수 있는 방법을 구상해야 합니다. 의욕만 앞서서 욕심을 부리다가는 본인만 괴로워질 뿐이지요.

자원봉사를 한다고 가정해볼까요? 봉사에도 여러 가지가 있습니다. 후원금 기부, 청소, 요리, 학습지도, 악기 연주, 빨래, 의료지원…….. 욕심 같아서는 이것저것 다 하고 싶지만 만능 재주꾼에 부자가 아닌 이상 현실적으로 불가능합니다. 그러니 먼저 자신이 무엇을 할 수 있는지 고려해야 합니다. 주말에 봉사활동까지 하면 쉴 시간이 없어서 힘들다 싶은 직장인은, 후원을 하면 됩니다. 전업주부는 같은 동네에 사는 독거노인이나 소년소녀 가장에게 도시락 싸주기, 대학생은 공부 가르치기, 중년 남성은 전기나 수도 점검하기 등으로 봉사할 수도 있습니다.

전략도 이런 식으로 세워야 합니다. 자신이 가지고 있는 자원이 무엇인지, 크기는 얼마나 되는지 현실을 냉정하게 파악하고, 이것들을 어떻게 활용해서 만족할 만한 효과를 얻을 것인지 궁리해야 합니다.

'3년 안에 5,000만 원 모으기'를 목표로 전략을 세운다면, 먼저 가계부를 점검해야 합니다. 총 지출비에서 특정 항목이 차지하는 비율이 높으면, 이를 줄이면 됩니다. 여윳돈이 넉넉한 사람은 수익성 높은 주식이나 펀드에 투자하면 되고, 여윳돈이 없다면 투잡(Two Jobs)을 하면 됩니다.

이렇듯, 목표를 어떻게 세우느냐에 따라 전략은 천차만별이 될 수 있습니다. 그러니 목표를 계획할 때 신중하게 결정해, 내게 맞는 전략을 세워야겠지요.

절대금연 님은 특별히 아픈 곳은 없지만, 건강을 미리 지키기 위해 금연이라는 목표를 세웠습니다. 그런데 입 냄새가 심해서 금연을 하기로 계획했다면, 이것은 잘못된 목표일 수도 있습니다. 물론 담배를 끊으면 입 냄새가 줄어들 수는 있지만, 입 냄새가 나는 원인이 잘못된 양치질, 혹은 소화기관이 나빠서라면, 아무리 담배를 끊어도 '입 냄새를 줄이겠다.'라는 목표를 달성할 수 없으니까요.

뱃살공주 님은 직장생활을 하면서 찐 살을 빼기 위해 '다이어트'라는 목표를 세우셨지요. 이것은 올바른 목표입니다. 하지만 건강해지기 위해 살을 빼겠다는 목표를 세웠다면, 이 목표는 잘못되었을 수도 있습니다. 몸이 아픈 이유가 뚱뚱해서가 아니라 잠을 제대로 못 자거나, 자세가 나쁘거나, 질병 때문일 수도 있기 때문이지요. 이때 '건강해지기'라는 목표를 달성하려면 건강 검진을 받고, 올바른 식습관과 자세를 유지하고 규칙적인 생활을 하려는 노력을 기울여야지, 무작정 살만 빼서는 안 됩니다.

줌마렐라 님과 취업성공 님도 마찬가지입니다. 여러분은 모두 목표를 제대로 세우셨지만, 우리 주변을 보면 전혀 엉

뚱한 목표를 세워놓고 헛수고만 하는 사람들이 무척 많답니다. 그 이유는 왜 내가 이러한 목표를 세웠는지, 이 목표를 통해 무엇을 이루고 싶은지 제대로 고민해보지 않았기 때문입니다.

목표를 제대로 세워야 전략도 제대로 세울 수 있다는 걸, 이제 이해하시겠지요? 내가 궁극적으로 달성하고자 하는 목표가 무엇인지 심사숙고하여 결정하기, 그 목표를 달성하는 데 어떤 전략이 필요한지 고민하기, 내가 가진 역량, 즉 돈과 시간과 능력을 얼마나 투자할 수 있는지 감안해 세부전략 세우기. 이것이 목표를 달성하는 과정이라는 것을 명심하세요. 이 세 가지 단계 중 어느 한 가지라도 제대로 되지 않으면, 목표를 달성할 수 없다는 사실도요.

셋째, 핵심전략을 정하세요. 목표를 세울 때처럼, 전략을 짤 때도 나의 현실과 조건과 능력을 충분히 파악하고 분석해야 합니다. 그런데 여기에 한 가지가 더 필요합니다. 바로 여러분이 선택한 전략을 '과제화'하는 것입니다. '과제화'한다는 말이 혹시 낯설게 느껴지나요? 이 말은 앞으로 실천할 계획의 방향을 잡고, 그중에서도 가장 핵심적인 것을 고른다는 뜻입니다. 몇 가지 전략을 세우되 그중에서도 가장 핵심적인 전략 몇 가지를 선택해, 이를 바탕으로 실천계획을 다시 세우는 것이지요. 이 작업을 할 때에는 다음 세 가지 원칙을 반드시 숙지해야 합니다.

1. Who, what － 누구를, 무엇을
2. How much － 얼마나
3. How to － 어떻게

이 세 가지 원칙을 지킨다는 것은, 목표를 달성하기 위해 어떤 전략을 먼저 실행할지 정한다는 뜻입니다. 열심히 하더라도 '제대로' 해야지, 무조건 열심히 하는 것은 아무 도움이 되지 않으니까요. 제대로 열심히 한다는 것이 무슨 말일까요? 바로 내가 가진 자원과 역량을 핵심전략에 집중시킨다는 뜻입니다.

예를 들어 말씀드릴게요. '가사일 하면서 자격증 취득하기'라는 목표를 세우고 이것을 달성할 수 있는 방법을 여러 가지 조사했다면, 자격증을 따기 위해 얼마 만큼의 시간과 돈을 들일지 결정합니다. 그 다음에, 결정한 내용을 바탕으로 무엇을 어떻게 실천할지 계획을 세웁니다. 그리고 마지막으로 위의 세 가지 원칙에 입각해 핵심전략, 즉 자격증을 따는 데 가장 큰 영향을 미치는 요인이 무엇이며 이를 어떻게 극복할지 결정하게 됩니다.

줌마렐라 님의 목표를 예로 들어봅시다. 주부가 자격증을 따는 데 있어 가장 큰 요인은 시간활용입니다. 집안일과 육아를 병행하면서 남는 시간을 확보해 공부해야 하기 때문이지요. 하지만 조리과에 재학 중인 학생이라면 가장 큰 영향을 미치는 요인은 다를 것입니다. 시간이 최대 요인일 수도 있고, 학원비 마련이 관건일 수도 있지요. 빵은 잘 만드는데 필기시험을 어려워하는 사람도 있을 것이고, 그 반대인 경우도 있을 것입니다. 이처럼 각자에게 중요한 요인이 다르다면 전략도 거기에 맞게 세워야겠지요.

8kg을 빼기 위해 '운동하기'라는 전략을 정했다면, 운동으로 살을 얼마나 뺄지 결정해야 합니다. 8kg을 모두 운동으로 뺄지, 4kg은 운동으로 빼고 4kg은 식이요법으로 뺄지 정하는 것이지요. 만약 '운동으로 5kg을 빼고, 야식을 끊어서 2kg을 빼고, 술을 줄여서 1kg을 빼겠다.'라는 목표를 세웠다면, 이것이 수치로 작성한 핵심전략입니다.

이번에는 이 핵심전략을 바탕으로 세운 계획을 행동으로 옮기는 방법을 알아보겠습니다. 이때 고려해야 하는 것이 '어떻게'인데, 이것은 'How to', 즉 구체적으로 어떻게 행동할 것인가를 의미합니다. 만약 '8kg 감량'이라는 목표를 달성하기 위해 '야식을 끊어서 2kg을 빼겠다.'라는 핵심전략을 세웠다면, 이를 실천하기 위해 '저녁 9시 이후에는 물 이외에 아무것도 먹지 않는다.', '저녁식사 메뉴는 무조건 한식으로 고른다.', '저녁을 먹을 때 밥을 세 숟가락 이상 남긴다.'와 같은 구체적인 실천방법을 세울 수 있을 것입니다.

'How to'에 대해서는 다음 시간에 말씀드릴 텐데요. 일단 제 글을 읽기 전에, 지금까지 알게 된 내용을 바탕으로 여러분이 직접 실천계획을 세워보시기 바랍니다.

한 가지 힌트를 드리겠습니다. 전략을 세울 때에는 최종목표보다 약간 높게 잡는 것이 좋습니다. 보통 20% 정도 높여서 다소 도전적인 수준으로 세우는 것이 일반적인데요. 이렇게 하는 이유는, 아무리 열심히 노력하더라도 이런저런 돌발상황으로 인해 실천계획을 지키지 못하는 상황이 발생할 수 있기 때문입니다. 그러니 8kg을 줄이는 것이 목표라면, 전략을 세울 때에는 10kg 감량을 목표로 세우는 것이 좋겠네요.

이제는 제가 여러분의 전략을 어떻게 수정했는지 알려드리겠습니다.

뱃살공주 님의 다이어트 전략
- 군것질을 줄여서 3kg 감량
- 술과 안주를 줄여서 2kg 감량
- 운동으로 5kg 감량

뱃살공주 님이 직장인이고 과자를 좋아하시기 때문에, 다이어트에 가장 큰 영향을 미치는 요소로는 군것질, 술자리, 운동 세 가지를 정했습니다. 그리고 이 세 가지를 바탕으로 뱃살공주 님의 전략은 '군것질, 술, 안주를 줄이고 운동을 해서 10kg 줄이기'로 정했습니다.

다음으로 절대금연 님의 전략을 살펴보겠습니다. 절대금연 님의 목표인 '3개월 안에 담배 완전히 끊기'를 성공하는 데 영향을 미치는 요소로는 담배를 피우고 싶은 장소와 상황 피하기, 스트레스 관리하기, 금단 증상 완화시키기 등이 있습니다. 이런 내용을 바탕으로 절대금연 님의 전략을 세워보았습니다. 먼저 담배를 피우게 되는 이유로는 주변 사람들이 권해서, 술을 마시면 담배 생각이 나서, 습관적으로, 스트레스를 받아서, 금단 현상 등이 있지요. 특히 절대금연 님은 습관적으로 담배를 피우는 경우가 많고, 아직 건강에 이상을 느끼거나 금연의 필요성을 절감한 적이 없으며 직장 동료의 입원을 계기로 금연을 결심하게 되었으니, 이를 바탕으로 다음과 같은 전략을 세웠습니다.

절대금연 님의 금연 전략
- 흡연실은 요일을 정해 일주일에 한 번만 가기
- 한 달 내에 식습관을 개선해, 흡연 욕구 억제하기
- 하루에 두 번 이상 스트레스 관리하기
- 금연 성공담 읽기

요즘은 정부 차원에서 금연 캠페인을 벌이고 금연건물을 지정하는 등 사회 전반적으로 금연을 권장하는 분위기가 조성되다 보니, 과거에 비해 금연을 실천하기가 쉬워졌지요. 하지만 아직 금연 전문기관에서도 금연 프로그램을 짤 때 구체적으로 수치화하는 경우가 드뭅니다. 따라서 절대금연 님의 전략을 세울 때에도 '일주일에 두 번', '한 달 내에',

'하루에 두 번 이상' 같은 식으로 목표를 수치화하는 데 특히 주력했습니다.

혹시 두 분의 전략을 보고 '너무 빡빡하잖아.', '숨이 막혀.', '저걸 어떻게 다 해? 차라리 그냥 이대로 살겠다.' 하는 생각을 하진 않으셨나요?

지난번에도 거듭 말씀드렸지만, 아직도 많은 사람들이 입으로는 온 세상을 다 가질 것처럼 거창하게 계획을 세우면서 정작 실천은 하지 않고 있습니다. 어쩌면 여러분도 지금까지 그런 삶을 살아오셨을 것입니다. 그럴 때 어떤 생각이 들었나요? '내가 하는 게 다 그렇지 뭐.', '난 원래 의지박약이야.'라고 자책하거나 '원래 목표는 깨지라고 세우는 거야.', '계획한 걸 다 달성하면 내가 여기 있겠어?'라고 스스로를 합리화시키고 있지는 않았나요?

늘 강조하지만, 여러분이 실패를 거듭하는 것은 여러분에게 문제가 있거나 여러분이 부족한 사람이어서가 아닙니다. 방법이 잘못됐기 때문이지요. 그동안의 방법이 왜, 어디가 잘못되었는지, 어떻게 하면 제대로 된 방법을 세워 실천할 수 있는지는 이제 잘 아셨을 거라 믿습니다.

우리는 지금까지 원어민처럼 영어회화하기, 이효리 몸매

만들기 같은 모호하고 실천하기 어려운 계획만 세워놓고 아까운 시간을 낭비해왔습니다. 그러니 비싼 돈을 들여 영어 학원이나 헬스클럽에 등록하고도 시작한 지 며칠 지나지 않아 슬금슬금 빠지게 되었던 겁니다. 돈은 돈대로, 시간은 시간대로 낭비하고 속만 상하니, 얼마나 안타까운 일인가요?

앞으로 '친구들이 하니 나도 해야지.', '남들 다 하는데 나만 안 하면 뒤처지니까 해야지.' 하는 이유 때문에 계획을 세우지 마세요. 분명히 말씀드리는데 시간만 낭비합니다. 남들 눈치 보지 말고, 나에게 정말 필요한 것이 무엇인지 고민하고, 그것을 추구하기 위해 애쓰시길 바랍니다.

이번에는 줌마렐라 님의 전략을 함께 보겠습니다. 줌마렐라 님의 목표는 '5개월 안에 베이커리 자격증 따기'였지요? 사실 가사와 육아를 전담하는 전업주부가 하루아침에 몇 시간씩 개인 시간을 내기란 여간 어려운 일이 아닙니다. 그러자면 빨래, 청소, 식사 준비처럼 매일 반복하는 일을 최소화해야 합니다. 하지만 집안 경조사나 명절, 제사 같은 대소사를 빼놓을 수는 없지요. 그래서 줌마렐라 님의 전략으로는 '공부할 시간 확보하기'와 '집안 대소사에 미리 대응하기'로 정했습니다.

줌마렐라 님의 자격증 따기 전략

- 일주일에 12시간 이상 필기시험 공부하기
- 2개월 내에 필기시험에 합격하기
- 4개월 내에 제과제빵학원 실습과정 이수하기
- 집안 행사는 사전에 파악해서 준비하기

마지막으로 취업성공 님의 전략을 살펴볼까요? 취업성공 님의 목표는 '1년 안에 국내 30대 기업의 마케팅팀에 입사하기'였지요. 이 목표를 달성하는 데 무엇이 가장 중요한지 생각해봅시다. 일단 남들보다 빨리 채용정보를 얻어야겠지요? 취업사이트, 학내 취업센터를 이용하는 것도 좋지만, 이런 곳에 나오는 자료는 누구나 알기 때문에 경쟁력이 떨어집니다. 그러니 남들은 쉽게 찾지 못하는 고급 정보를 찾아야 합니다. 그래서 취업성공 님의 전략은 '다양한 경로로 채용정보 수집하기'로 세웠습니다.

취업성공 님은 같은 목표를 가진 수많은 사람들과 경쟁해야 하기 때문에, 다른 회원들에 비해 목표를 달성하기가 더 어렵습니다. 그러니 계획도 더 철저하게 세워야 합니다. 어떻게 하면 내가 다른 지원자들보다 더 돋보일 수 있을까요? 우선, 우리나라 주요 기업들이 마케터에게 요구하는 인재상이나 역량을 미리 파악해야 합니다. 그중에서도 특히 중요한 능력 몇 가지 정도는 갖추어두어야 좋은 평가를 받을 수 있겠지요. 해당 기업이 주최하는 공모전이나 논문대회 등에서 입상하면 가산점을 받게 되니 유리할 겁니다. 이런 요소들을 종합해서 취업성공 님의 전략은 '30대 기업에서 요구하는 마케터의 역량 충족시키기'와 '입사 시 가산점 받기'로 정하고, 이 목표를 '6개월 이내, 세 가지 이상의 역량, 두 가지 이상 자격'으로 수치화하여 표현했습니다.

취업성공 님의 취업 전략

- 다양한 경로로 국내 30대 기업의 채용정보 수집하기
- 6개월 내에 국내 30대 기업의 마케터가 갖추어야 할 역량 세 가지 이상 충족시키기
- 입사 시 가산점을 받을 수 있는 자격 두 가지 이상 갖추기
- 정규직 채용이 없을 시 인턴이나 비정규직으로 입사해 경력 쌓기

지금까지 네 분의 전략을 함께 살펴보았습니다. 어떤가요? 그동안 여러분이 세웠던 목표보다 훨씬 구체적이라는 느낌이 들지 않나요? 물론 '하루에 몇 개 이상, 몇 달 이내에'처럼 구체적으로 표현하니, 그만큼 부담감도 클 것입니다. 하지만 내용이 구체적인 만큼, 내가 오늘 당장 무엇을 해야 하는지 파악하고 행동으로 옮기기는 쉬울 거라고 생각합니다.

　오늘 전해드린 각자의 전략을 숙지하고, 이를 바탕으로 구체적인 실천계획을 세워보세요. 계획을 다 세운 분은 이번 주 안으로 클럽 게시판에 올려주시고요. 그러면 제가 확인하고 평가해서 다음 글을 올릴 때 조언해드리겠습니다.

　긴 글 읽느라 수고하셨습니다. 남은 하루도 즐겁게 보내세요.

　줌마렐라는 자신의 전략을 다시 읽어보았다. 제과제빵학원 실습과정 이수하기, 필기시험 공부하기는 누구나 다 아는, 별로 새로울 것이 없는 전략이었다. 하지만 '지금부터 4개월, 2개월 안에', '일주일에 12시간 이상'이라고 생각하니 당장 오늘부터 시작해야겠다는 생각이 들었다. 만약 기간을 정하

지 않았더라면 이 자격증을 따는 데 5년이 걸릴지 10년이 걸릴지 알 수 없는 노릇이었다. 어쩌면 중간에 포기할 확률이 더 컸다. 그런데 이번에는 여기서 그치는 것이 아니라, 이 전략을 어떻게 실행시킬지 다시 계획을 세워야 했다.

'일주일에 12시간이나 공부하려면 당분간 드라마 재방송은 못 보겠네. 아이에게 줄 간식도 미리 만들어놔야 하고, 청소나 요리는 한 번에 끝내야 시간을 낼 수 있겠어. 이거 생각보다 힘들겠는데? 참, 양쪽 집안일은 아예 생각도 못 하고 있었잖아. 그런데, 이 정도면 다 된 거 아닌가? 여기서 무슨 계획을 더 세우라는 거지? 아휴, 뭐가 이렇게 번거롭담. 계획만 짜다가 세월 다 가겠네.'

가계부를 펼쳐놓고 펜을 이리저리 돌리며 궁리해보았지만 여전히 아리송했다. 혼자 힘으로 끝까지 해보겠다고 이런저런 계획을 세우다 보니 어느덧 밤 12시가 넘어 있었다.

'어머! 벌써 12시가 넘었잖아! 하여튼 이 클럽은 한 번 접속하면 몇 시간이 그냥 지나간다니까. 오늘은 이만 자고, 내일 생각해야겠다.'

일단 자리에 눕긴 했지만 머릿속에 자격증, 목표, 전략, 실천계획 같은 생각이 가득해서인지 쉽게 잠이 오지 않았다.

그녀는 내일 주부들 사이에서 인기가 많은 인터넷 커뮤니티를 둘러보고, 혹시 자기와 같은 계획을 가지고 있거나 먼저 실천해서 성공한 사례가 있는지 알아봐야겠다고 생각하며 잠을 청했다.

같은 시각, 절대금연도 자신의 전략을 살펴보고 있었다. 금연의 중요성이나 필요성이야 초등학생들도 알고 있을 정도지만, 이를 실천하기란 정말 힘든 일이었다. 아직 건강에 별다른 이상을 느낀 적이 없어서일 수도, 주변에 워낙 흡연자들이 많아서일 수도, 워낙 오랜 시간 동안 습관으로 굳은 탓일 수도, 아니면 세 가지 모두 해당되기 때문일 수도 있었다.

하지만 새로운 전략을 확인하니, 예전처럼 무작정 "오늘부터 끊는 거야!" 하던 때보다는 좀 더 오랫동안 담배를 멀리할 수 있을 것 같았다.

'흡연실은 요일을 정해 일주일에 한 번만 가기? 이건 좀 쉽네. 그럼 수요일로 하면 되겠다. 어차피 그날은 부서장 회의도 있고, 회의실이 흡연실과 가까우니까. 이거, 앞으로 금요일보다 수요일은 더 기다리는 건 아닌지 모르겠군. 식습관 개선하기? 이건 사내식당에서 점심 먹을 때 양식 대신 한식

먹는 것으로 실천하면 될 거고. 하루에 두 번 이상 스트레스 관리하기? 이게 좀 어려운데……. 담배 말고 사무실에서 스트레스 푸는 데 도움 될 만한 게 뭐가 있는지 알아봐야겠군. 금연 성공담이야 인터넷 뒤져보면 얼마든지 나오겠지.'

잠자리에 들 준비를 하면서 당장 내일부터 실천할 수 있는 금연 수칙을 몇 가지 생각해보았다. 내일부터 시작한다고 해서 100% 성공한다고 생각하지는 않지만, 오늘 확인한 전략을 바탕으로 이런저런 방안을 궁리해보니, 이번에는 예전보다 좀 더 오래 실천할 수 있으리라는 확신이 생겼다. 그역시, 혹시 회사에 금연에 성공했거나 금연을 생각하고 있는 동료가 있는지 찾아봐야겠다고 생각하며 잠을 청했다.

성공한 동창으로부터 받은 신선한 충격

목표는 장기적이어야 한다.
단기적인 목표는 작은 장애물 앞에서도 쉽게 포기하게 된다.
그러나 장기적인 목표는 사소한 문제나 일시적인 장애물에
굴복하지 않고 그것을 극복하여 성취할 수 있다.

취업성공은 도서관에 들어서자마자 구석 자리로 가서 쓰러지듯 앉았다. 갑작스레 비가 오는 바람에 무가지 신문을 덮어쓴 채 정신없이 달렸지만, 옷은 이미 다 젖어 있었다. 아침부터 비가 와서인지 도서관에는 평소보다 사람이 적었다. 습기가 차서 꿉꿉한 도서관에 앉아 있자니 자기 신세가 서글프게 느껴졌다. 좋은 회사에 출근할 수만 있다면 매일 천둥번개가 치더라도 기쁜 마음으로 출근할 수 있을 텐데.

도서관 컴퓨터 앞에 앉아 인터넷 포털 사이트를 돌아다니

던 그의 눈에, 뭔가가 포착되었다. 고등학교 때 같은 반이었던 친구 C의 인터뷰 기사였다.

'아니, 이 녀석이 어떻게 신문에 실린 거지?'

기사 제목은 '20대 젊은 사업가 C의 성공 스토리'로, 기사에 따르면 C가 온라인으로 여성의류 쇼핑몰을 운영하면서 연간 수십 억 원의 매출을 올리고 있다고 했다. 남성이 여성의류 쇼핑몰을 운영한다는 점, 그가 올해 대학을 졸업한 젊은 청년이라는 점 등이 강조되어 있었다.

'연간 매출액이 수십 억? 아니, 이 자식이 언제 이렇게 출세한 거지? 학교 다닐 때 공부도 열심히 안 했고, 좋은 대학에 가지도 않은 놈이. 하여튼 재수 좋은 놈은 뭘 해도 성공한다니까.'

자기보다 별로 잘난 것도 없었던 친구가 불과 몇 년 만에 성공한 젊은 사업가로 변신해 있다니, 속이 부글부글 끓었다. 한번 연락이나 해볼까? 학창시절에 사이가 좋은 편이었으니 잘하면 밥이라도 한 끼 얻어먹을 수 있을 것 같았다. 다른 친구에게서 연락처를 알아내 문자를 보내고, 자리로 돌아와 다이어리를 펼쳤다.

- 다양한 경로로 국내 30대 기업의 채용정보 수집하기
- 6개월 내에 국내 30대 기업의 마케터가 갖추어야 할 역량 세 가지 이상 충족시키기
- 입사 시 가산점을 받을 수 있는 자격 두 가지 이상 갖추기
- 정규직 채용이 없을 시 인턴이나 비정규직으로 입사해 경력 쌓기

'이게 계획 아닌가? 이 정도면 계획은 충분한 것 같은데 이건 전략이고 실천계획을 다시 세우라니, 알다가도 모르겠네. 이 계획만으로도 충분히 구체적인데 얼마나 더 구체적으로 세우라는 거야? 요일별 스케줄을 다 짜라는 건가?'

그때 문자메시지가 도착했다. 저녁에 시간이 있으면 충무로에서 만나 술이나 한잔 하자는 내용이었다.

'오늘은 도서관에 있을 기분이 아니네. 이따 점심 먹고 대학로에 가서 연극 한 편 보고, 저녁에 충무로로 가야겠다. 모처럼 저녁에 맛있는 것 좀 먹어보자. 돈도 잘 버는 녀석이 설마 더치페이 하자고 하진 않겠지?'

모처럼 나간 대학로는 젊은이들의 활기로 가득했다. 오전 내내 무섭게 퍼붓던 비가 그치고 날씨가 활짝 개니, 온 세상이 반짝반짝 빛나 보였다. 뭐가 그리 즐거운지 얼굴에 행복한 미소를 가득 머금은 채 지나가는 대학생들과 자기 또래 젊은이들이 다른 세상 사람들 같았다.

연극이 끝난 후, 대학로 주변을 어슬렁거리며 이곳저곳을 구경하다가 약속 시간에 맞추어 충무로로 이동했다. 빌딩마다 쏟아져 나오는 직장인들을 보니 부러움은 더욱 커졌다.

그때, 저 멀리서 손을 흔들며 다가오는 C가 보였다. 얼굴은 많이 변하지 않았지만 제법 사업가 분위기가 묻어났다. 세련된 옷차림에 자신감 있는 당당한 태도와 환한 얼굴까지, 한때는 같은 교실에서 공부하던 친구가 이제는 자신과 '급'이 다른 사람이 된 것 같아서 부럽기도 하고 창피하기도 했다.

근처 호프집으로 들어가자마자 취업성공은 C에게 어떻게 해서 그렇게 성공하게 됐는지 물어보았다. 공부를 뛰어나게 잘했던 것도 아니고 무엇보다 성격이 내성적이었기에, 그가 사업을 하리라곤 생각도 못했다. C는 취업성공의 근황을 듣고 나서 자신이 사업을 시작하게 된 계기와 일을 하면서 겪었던 여러 가지 우여곡절, 그리고 그 상황을 어떻게 극복하고 지금의 결실을 맺을 수 있었는지 하나씩 들려주었다.

취업성공은 C의 이야기를 진지하게 들으면서, C가 성공하게 된 것이 어쩌면 당연한 결과일지도 모른다는 확신을 가졌다. 고등학생 시절, 내성적인 성격에 보통 남학생들과 달리 바느질을 잘해 친구들이 '계집애'라고 놀리기도 했지만, 수학여행을 가거나 주말에 친구들과 만날 땐 옷을 감각 있게 입고 와서 친구들의 부러움을 샀다. 그래서 친구들도 옷을 사러 갈 때면 항상 C를 부르곤 했다. 하지만 그건 어디까지나 친구의 재능이라고 생각했지, 이를 사업으로 발전시킬 것이라고는 생각지도 못했다.

두 사람의 대화는 좀처럼 끝나지 않았다. 자신감 있는 얼굴로 자신의 계획과 미래를 이야기하며 행복해하는 친구를 보니, 정확한 목표를 세우고, 그 목표를 이루기 위해 노력하는 삶이 진짜 삶이라는 구루의 말이 확실하게 이해되었다.

C와 헤어져 집으로 돌아온 취업성공은 자꾸 움츠러들려고 하는 자신에게 용기를 주기 위해, 구루의 글을 다시 한 번 읽으며 심기일전하기로 했다.

클럽에 접속해 글을 읽고 있는데 대화창이 깜빡였다. 대화를 신청한 사람은 절대금연이었다.

취업성공 안녕하세요. 1시가 다 됐는데 안 주무세요? 내일 출근하셔야죠.

절대금연 내일은 출근 안 해요. 회사 창립기념일이어서 휴무거든요.

취업성공 그렇구나. 금연은 잘 되세요?

절대금연 하하, 나도 그랬으면 좋겠는데 생각처럼 잘 안 되네. 취업성공 님은 준비 잘 하고 계세요?

취업성공 저도 열심히 하고는 있는데 아직 이렇다 할 성과는 없네요. 참, 말 낮추세요.

절대금연 음……. 그래도 될까?

취업성공 당연하죠. 제가 조카뻘인데요.

절대금연 그럼 그렇게 하지. 금연, 우습게 봤는데 이게 생각처럼 쉽지가 않네. 이래서 목표로 한 기간 내에는 고사하고 올해 안에 성공할 수나 있을지 모르겠어.

취업성공 저도 마찬가지예요. 계획은 다 세운 것 같은데 무슨 계획을 여기서 더 세우라는 건지 모르겠어요. 이대로 따라 하면 정말 취업할 수 있을지 확신도 없고요.

취업성공은 오늘 만난 친구 C와, 그와 나눈 이야기에 대해 말해주었고, 절대금연은 금연 계획을 지키기가 쉽지 않다고 털어놓았다. 아내와 아이들은 그의 금연 계획을 두 팔 벌려 환영했지만 직장에서는 별다른 협조를 해주지 않아 힘들다고 했다. 또한 옆 사람이 밖에서 담배를 피우고 들어오면 애써 참고 있던 흡연 욕구가 강해져서, 자기도 모르게 신경이 날카로워진다고 했다.

대화를 끝내고 나서 잠자리에 들었지만, 술이 조금씩 깨면서 눈은 더욱 말똥말똥해졌다. 성공한 친구 C, 목표가 있는 삶이 중요한 이유, 구체적 실천계획……. 뭔가 알 것 같다가도 곰곰이 생각해보면 다시 막막해져서, 머릿속은 다시 복잡해졌다.

그로부터 며칠 후, 취업성공은 구루가 보낸 이메일을 확인하고 클럽에 접속했다. 지난번에 알려준 전략을 바탕으로 그동안 나름대로 실천계획을 세워보려 했지만, 아직 자기에게 적합한 방법이 무엇인지 찾지 못하고 있었다. 하는 수 없이 C의 경험담을 바탕으로 대충 작성해 제출하긴 했지만, 그 친구처럼 독해질 자신이 없었다.

여러분, 그동안 잘 지내셨나요? 이메일로 알려드렸듯이, 오늘은 지난번에 세운 전략을 바탕으로 실천계획을 세우는 방법을 전해드리겠습니다.

> 하늘은 스스로 돕는 자를 돕는다.
> 기회는 절대로 그냥 주어지지 않는다.

이 두 속담을 모르는 분들은 없으시죠? 여기에 제가 앞으로 여러분께 당부하고 싶은 모든 내용이 담겨 있습니다. 바로 실천의 중요성이지요.

우선, 실천계획은 자신의 목표와 전략에 맞게 세워야 합니다. 그러기 위해서는 일단 자신의 습관을 파악하는 것이 중요합니다. 사람들은 누구나 수십, 수백 가지 습관을 가지고 있고, 이 습관은 우리의 인생을 결정하는 데 있어 아주 중요한 역할을 합니다. 먼저 이 글을 한번 읽어보면서 여러분은 어떤 습관을 가지고 있는지 점검해보세요.

나는 누구일까요?

나는 당신의 영원한 동반자입니다. 당신의 가장 훌륭한 조력자이자, 가장 무거운 짐이기도 합니다.

나는 당신을 성공으로 이끌기도 하고 실패의 나락으로 끌어내리기도 합니다.

나는 언제나 당신이 하는 대로 따라갑니다. 그렇지만 당신이 하는 행동의 90%는 나로 인해 좌우됩니다.

나는 모든 위인들의 종이자, 모든 실패자의 주인입니다.

당신은 나를 통해 발전할 수도 있고 실패할 수도 있으며, 당신은 나를 통해 모든 것을 얻을 수도 있고, 모든 것을 잃을 수도 있습니다.

나는 습관입니다.

― 지그 지글러(Zig Ziglar),
《시도하지 않으면 아무것도 할 수 없다》 중에서

성공학의 대가인 지그 지글러는 '우리는 날마다 습관이라는 밧줄을 튼튼하게 꼬고 있다.'라고 말했습니다. 그만큼 습관의 힘은 강력합니다. 우리는 자신에게 어떤 나쁜 습관이 있는지 알면서도, 이미 너무 익숙해진 탓에 별다른 위기의식을 갖지 않고 살아가고 있지요. 이런 식으로 지내다 보면 자기도 모르는 사이에 서서히 습관의 지배를 받게 됩니다.

사소한 습관들이 인생을 좌우한다는 것, 아주 작은 습관 하나가 목표를 향한 첫걸음이 되고, 결국 인생을 바꾸기도 한다는 것은 누구나 알고 있습니다. 그러니 우리는 실천계획을 세울 때, 먼저 우리의 습관을 분석해보아야 합니다.

지난번에 말씀드렸던 등산을 다시 한 번 예로 들어 말씀 드리겠습니다. '세 시간 안에 정상까지 오르기'라는 목표를 달성하려면, 우선 기초체력을 키워야 합니다. 이것이 전략 입니다. 그렇다면 전략, 즉 기초체력을 키우기 위해 무엇을 해야 할까요? 이 질문에 대한 답이 실천계획입니다. 즉 헬스클럽 다니기, 동네 공원에서 운동하기, 술과 담배 줄이기 같은 사항이 실천계획인 것이지요.

잠깐, 지난번에 '전략을 세우는 데에는 세 가지 원칙이 필요하고, 그중 하나가 '어떻게(how to)' 할지 고민하는 것이 다.'라고 말씀드렸는데, 기억하시나요?

어느 조사결과에 따르면, 헬스클럽이 가장 붐비는 때가 1월 초와 3월 초, 4월 초라고 합니다. 1월에는 새해 목표로 다이 어트를 계획하는 사람이 많고, 3월에는 설 연휴가 지나고 나서 운동을 시작하는 사람들이 많고, 4월에는 봄이 되면서 여성들이 많이 오기 때문이라는군요. 그런데, 한 번이라도 헬스클럽을 다녀본 사람들은 알겠지만, 그곳에서 할 수 있는 운동은 너무 많습니다. 전문 트레이너나 모델이 될 것이 아니라면, 그 많은 운동기구를 다 사용하지는 않겠지요. 이때 어떤 기구로 어떻게, 얼마나 운동을 할지 결정하는 것이 바로 실천계획 세우기입니다. 체지방을 줄일지, 근육을 키울지, 지구력을 기를지, 유연성을 기를지에 따라 나에게 필요한 운동이 달라지기 때문입니다. 그리고 이 계획을 수치로 표현하면 다짐이나 의욕만으로 끝나버릴 확률은 줄어듭니다. 정확한 시간, 정확한 날짜가 명시되어 있으니 내가 언제, 어떻게 움직여야 하는지 한눈에 알 수 있기 때문이지요.

지난번에 여러분께 과제를 하나 내드렸죠? 지금부터 여러분이 제출하신 실천계획들을 함께 살펴봅시다.

뱃살공주 님의 다이어트 실천계획

1. 술자리 끊기
2. 식사량 절반으로 줄이기
3. 매일 30분씩 운동하기

절대금연 님의 금연 실천계획

1. '할 수 있다'라고 긍정적으로 생각하기

2. 금연에 도움이 되는 생활습관 기르기

3. 담배 들고 다니지 않기

줌마렐라 님의 자격증 따기 실천계획

1. 공부할 시간 확보하기

2. 집안 행사 미리 파악하기

취업성공 님의 취업 실천계획

1. 취업사이트 매일 다섯 군데 이상 방문하기

2. 영어회화 준비하기

3. 시사상식 꾸준히 익히기

네 분이 세운 실천계획은 모두 자신의 목표를 달성하는데 반드시 필요한 사항들입니다. 하지만 솔직히 말씀드리면, 아직 구체적이지 못하다는 느낌이 드네요. 일단 제가 작성한 실천계획을 보여드리겠습니다.

뱃살공주 님의 다이어트 실천계획

1. 매일 하루 동안 무엇을 먹었는지 빠짐없이 기록하기

2. 저녁식사는 반드시 한식으로 하고, 7시 이후에는 물 이외에 아무것도 먹지 않기

3. 저녁 9시 이후에 홈쇼핑 식품 판매 방송 보지 않기

4. 매일 물 여덟 잔 마시기

5. 하루 세 끼 반드시 먹기

6. 일주일에 세 번, 헬스장에서 30분 이상 빨리 걷기

7. 아침식사를 못 하게 될 경우 저지방 우유 한 잔 마시기

8. 술자리에 참석하는 횟수는 한 달에 한 번, 술은 맥주 한 병 이상 마시지 않기

9. 출근할 때와 점심식사 후에 사무실까지 계단으로 걸어서 올라가기

10. 커피는 아메리카노로 하루에 한 잔만 마시기

11. 퇴근할 때는 한 정거장 먼저 내려서 걷기

12. 토요일, 일요일 연속으로 약속 잡지 않기

13. 마트에서 장 볼 때 과자 코너 가지 않기

14. 오후에 간식이 먹고 싶으면 방울토마토, 오이, 당근 먹기

절대금연 님의 금연 실천계획

1. 술자리는 일주일에 한 번만 참석하기

2. 점심시간에 흡연실 가지 않기

3. 점심식사 메뉴로 짜거나 맵거나 기름진 음식 피하기

4. 커피는 하루에 한 잔만 마시기

5. 담배가 생각날 때 심호흡 하고 물 마시기

6. "나는 할 수 있다."라고 하루에 열 번씩 외우기

7. 컴퓨터 모니터 앞에 가족사진 붙이기

8. 한 달 이상 금연 패치를 붙이되, 첫 2주 동안은 강도가 가장 강한 패치 사용하기

9. 담배, 라이터, 재떨이, 성냥 등 흡연과 관련된 물건 모두 버리기

10. 매주 담뱃값 1만 원 이상 모아서 주말에 아이들에게 간식 사주기

11. "금단 현상은 정상적인 반응이다."라고 하루에 다섯 번 이상 외우기

12. 가상의 '금연 성공담' 써보기

13. 가족들에게 미리 협조를 구하고, 짜증을 내더라도 이해해달라고 말하기

14. 일주일 단위로 수면시간 30분 앞당기기

줌마렐라 님의 자격증 따기 실천계획

1. 청소, 설거지, 빨래는 낮 12시 이전에 끝내기
2. 일요일 오전에는 가족들과 대청소하기
3. 제과제빵학원에 등록해서 출석률 90% 이상 유지하기
4. 학원 수강생 네 명 이상 모아서 스터디 그룹 만들기
5. 필기시험 문제지 한 달에 한 권 풀기
6. 일주일에 12시간 이상 필기시험 공부하기
7. 매주 월, 수, 금요일 오후 2~4시에 오답노트 복습하기
8. 매주 금요일 저녁 8시부터 토요일 오전 12시 사이에
   학원에서 배운 조리법 실습하기
9. 한 달에 10만 원씩 저축해서 학원비 50만 원 마련하기
10. 시댁과 친정에 월요일 오전마다 안부전화 하기

취업성공 님의 취업 실천계획

1. 학교 취업센터와 온라인 3대 취업사이트에서 매일 채
   용정보 수집하기
2. 매주 금요일 저녁에 동문선배 및 취업한 동기들 만나
   서 기업의 인재상 및 채용 방식 파악하기
3. 토익학원 등록해서 출석률 90% 이상 유지하기
4. 모의토익 문제지 매일 세 장씩 풀기

5. 4개월 내에 토익 900점 이상 받기
6. 일주일에 두 번씩, 가족들 앞에서 5분짜리 마케팅 전략 프레젠테이션 실습하기
7. 매일 저녁 10시부터 면접 및 프레젠테이션을 위한 말투와 표정, 몸짓 연습하기
8. 6개월 내에 마케팅 관련 UCC 공모전에 두 번 이상 참가하기
9. 6개월 내에 주요 언론사, 기업체가 주관하는 마케팅 공모전에 한 번 이상 참가하기
10. 1년 내에 대학생 마케팅 논문 공모전에 참가하기

뱃살공주 님은 '운동하기, 간식과 술자리에 가는 횟수 줄이기'라는 전략에 맞게 실천계획을 세웠습니다. '군것질 하지 않기'라는 전략을 달성할 수 있도록 '저녁 9시 이후에 홈쇼핑 식품 판매 방송 보지 않기, 커피는 아메리카노로 하루에 한 잔만 마시기, 오후 근무시간에 간식이 먹고 싶으면 방울토마토, 오이, 당근 먹기, 마트에서 장 볼 때 과자 코너 가지 않기'처럼 규칙을 정해두면 실천하기가 더욱 쉬워지겠지요?

절대금연 님은 지난번에 '흡연을 자극하는 장소 피하기',

'식사 후 흡연 욕구 억제하기', '스트레스 관리', '금연에 도움이 되는 전문지식 활용하기'라는 전략을 세웠던 것, 기억나세요? 실천계획은 잘 세우셨는데 수치화하는 데에는 아직 서툴다는 느낌이 들었습니다. 그래서 일주일에 몇 번, 하루에 몇 번 하는 식으로 더 자세하게 나타냈습니다. '흡연을 자극하는 장소 피하기' 대신 '술자리는 일주일에 한 번만 참석하기'라고 세우면 실천하기가 훨씬 쉽습니다. '금연에 도움 되는 보조제품 활용하기'는 '한 달 이상 금연 패치를 붙이되, 첫 2주 동안은 강도가 가장 높은 패치 사용하기'로 구체적으로 표현하는 것이 보다 명확하겠지요?

이번에는 줌마렐라 님의 실천계획을 살펴볼까요? 줌마렐라 님의 전략 중에 '2개월 내에 필기시험 합격'이 있었습니다. 그래서 '매주 월, 수, 금요일 오후 2~4시에 오답노트 복습하기'를 실천계획으로 세웠습니다. 이렇게 요일과 시간을 정해두면, 이 시간을 지키기가 더 쉬워집니다.

또한 전업주부로서 집안일이 '주'가 될 수밖에 없기 때문에, 집안일을 하는 데 영향을 주지 않으면서도 시험을 준비할 시간을 내야 합니다. 그러니 매일 반복하는 집안일은 한번에 몰아서 하고, 준비하는 데 며칠이 걸리는 제사, 집안 행사 등은 틈 날 때마다 미리 준비하도록 계획을 세웠습니다.

취업성공 님의 실천계획도 확인해봅시다. 취업성공 님은 '다양한 경로로 채용정보 수집하기'라는 실천계획을 세우셨는데 '다양한 경로'란 게 도대체 뭘 말하는지 모호하네요. 그래서 저는 이 부분을 '학교 취업센터', '동문선배 및 취업한 동기', '온라인 3대 취업사이트'로 구분했습니다. 또한 '매주 금요일', '일주일에 두 번', '6개월 내'와 같이 정확한 기간을 나타내 실행력을 높이도록 했습니다.

자, 지금까지 목표를 세우고, 그 목표를 달성하기 위한 전략을 세우고, 그 전략을 어떻게 실천할 것인지 계획을 세우는 방법까지 알아보았습니다. 이제 여러분이 왜 목표 달성에 실패했는지, 그리고 목표를 달성하려면 계획을 어떻게 세워야 하는지 확실히 이해하셨을 거라 생각합니다. 같은 목표를 세우더라도 어떤 전략을 세우느냐에 따라 실천방법이 완전히 달라질 수 있다는 것을 아시겠지요? 그렇다면 우리가 함께 세운 계획과 그동안 여러분이 세운 계획이 얼마나 다른지 한번 비교해볼까요?

뱃살공주 님의 목표경영

	목표관리	목표경영
목표설정	살빼기	6개월 안에 10kg 감량
전략	없음	• 군것질을 줄여서 3kg 감량 • 술과 안주 줄여서 2kg 감량 • 운동으로 5kg 감량
실천계획	• 술자리 끊기 • 식사량 절반으로 줄이기 • 매일 30분씩 운동하기	• 매일 하루 동안 무엇을 먹었는지 빠짐없이 기록하기 • 저녁식사는 반드시 한식으로 하고, 7시 이후에는 물 이외에 아무것도 먹지 않기 • 저녁 9시 이후에 홈쇼핑 식품 판매 방송 보지 않기 • 매일 물 여덟 잔 마시기 • 하루 세 끼 반드시 먹기 • 일주일에 세 번, 헬스장에서 30분 이상 빨리 걷기 • 아침식사를 못 하게 될 경우 저지방 우유 한 잔 마시기 • 술자리에 참석하는 횟수는 한 달에 한 번, 술은 맥주 한 병 이상 마시지 않기 • 출근할 때와 점심식사 후에 사무실까지 계단으로 걸어서 올라가기 • 커피는 아메리카노로 하루에 한 잔만 마시기 • 퇴근할 때는 한 정거장 먼저 내려서 걷기 • 토요일, 일요일 연속으로 약속 잡지 않기 • 마트에서 장 볼 때 과자 코너 가지 않기 • 오후에 간식이 먹고 싶으면 방울토마토, 오이, 당근 먹기

절대금연 님의 목표경영

	목표관리	목표경영
목표설정	금연하기	3개월 안에 금연하기
전략	없음	• 일주일에 두 번 이상 흡연실 가지 않기 • 한 달 내에 식습관을 개선해, 흡연 욕구 억제하기 • 하루에 두 번 이상 스트레스 관리하기 • 금연 성공담 읽고 자신감 가지기
실천계획	• '할 수 있다'라고 긍정적으로 생각하기 • 금연에 도움이 되는 생활습관 기르기 • 담배 들고 다니지 않기	• 술자리는 일주일에 한 번만 참석하기 • 점심시간에 흡연실 가지 않기 • 점심식사 메뉴로 짜거나 맵거나 기름진 음식 피하기 • 커피는 하루에 한 잔만 마시기 • 담배가 생각날 때 심호흡 하고 물 마시기 • "나는 할 수 있다."라고 하루에 열 번씩 외우기 • 컴퓨터 모니터 앞에 가족사진 붙이기 • 한 달 이상 금연 패치를 붙이되, 첫 2주 동안은 강도가 가장 강한 패치 사용하기 • 담배, 라이터, 재떨이, 성냥 등 흡연과 관련된 물건 모두 버리기 • 매주 담뱃값 1만 원 이상 모아서 주말에 아이들에게 간식 사주기 • "금단 현상은 정상적인 반응이다."라고 하루에 다섯 번 이상 외우기 • 가상의 '금연 성공담' 써보기 • 가족들에게 미리 협조를 구하고, 짜증을 내더라도 이해해달라고 말하기 • 일주일 단위로 수면시간 30분 앞당기기

줌마렐라 님의 목표경영

	목표관리	목표경영
목표설정	베이커리 자격증 따기	5개월 안에 베이커리 자격증 따기
전략	없음	• 일주일에 12시간 이상 필기시험 공부하기 • 2개월 내에 필기시험에 합격하기 • 4개월 내에 제과제빵학원 실습과정 이수하기 • 집안 행사는 사전에 파악해서 대응하기
실천계획	• 공부할 시간 확보하기 • 집안 행사 미리 파악하기	• 청소, 설거지, 빨래는 낮 12시 이전에 끝내기 • 일요일 오전에는 가족들과 대청소하기 • 제과제빵학원에 등록해서 출석률 90% 이상 유지하기 • 학원 수강생 네 명 이상 모아서 스터디 그룹 만들기 • 필기시험 문제지 한 달에 한 권 풀기 • 일주일에 12시간 이상 필기시험 공부하기 • 매주 월, 수 금요일 오후 2~4시에 오답노트 복습하기 • 매주 금요일 저녁 8시부터 토요일 오전 12시 사이에 학원에서 배운 조리법 실습하기 • 한 달에 10만 원씩 저축해서 학원비 50만 원 마련하기 • 시댁과 친정에 월요일 오전마다 안부전화 하기

취업성공 님의 목표경영

	목표관리	목표경영
목표설정	취업하기	1년 내에 국내 30대 기업 마케팅팀 입사
전략	없음	• 다양한 채널을 통해 국내 30대 기업의 채용정보 수집하기 • 6개월 내에 30대 기업의 마케터가 갖추어야 할 역량 세 가지 이상 충족시키기 • 입사 시 가산점을 받을 수 있는 자격 두 가지 이상 갖추기 • 정규직 채용이 없을 시 인턴이나 비정규직으로 입사해 경력 쌓기
실천계획	• 취업사이트 매일 다섯 군데 이상 방문하기 • 영어회화 준비하기 • 시사상식 꾸준히 익히기	• 학교 취업센터와 온라인 3대 취업사이트에서 매일 채용정보 수집하기 • 매주 금요일 저녁에 동문선배 및 취업한 동기들 만나서 기업의 인재상 및 채용 방식 파악하기 • 토익학원 등록해서 출석률 90% 이상 유지하기 • 모의토익 문제지 매일 세 장씩 풀기 • 4개월 내에 토익 900점 이상 받기 • 일주일에 두 번씩, 가족들 앞에서 5분짜리 마케팅 전략 프레젠테이션 실습하기 • 매일 저녁 10시부터 면접 및 프레젠테이션을 위한 말투와 표정, 몸짓 연습하기 • 6개월 내에 마케팅 관련 UCC 공모전에 두 번 이상 참가하기 • 6개월 내에 주요 언론사, 기업체가 주관하는 마케팅 공모전에 한 번 이상 참가하기 • 1년 내에 대학생 마케팅 논문 공모전에 참가하기

지금까지 말씀드린 모든 과정을 다시 한 번 정리해보겠습니다.

단순히 할 일만 나열해놓고 상황이 변할 때마다 목표를 수정하는 것은 목표관리에 불과합니다. 반면, 목표를 수치로 명확하게 나타내고, 이를 바탕으로 구체적인 전략과 실천계획을 세워 행동으로 옮기는 것은 목표경영입니다. 경기장에서 누구보다 열심히 뛰어도 골을 넣지 못하는 선수가 있습니다. 무작정 열심히 뛰어다닌다고 해서 경기를 잘하는 것이 아니라는 것을, 이제는 여러분도 충분히 아시겠지요?

지금까지 여러분은 목표를 경영하는 방법을 충분히 익히셨습니다. 자신이 무엇을 원하는지, 자신에게 무엇이 가장 필요한지 파악한 다음 거기에 따라 목표를 세우고, 그 목표를 이루는 데 가장 큰 영향을 미치는 것이 무엇인지 파악해 전략을 세우고, 자신의 습관을 파악해 전략을 잘 실행할 수 있도록 실천계획을 세우는 것. 이 세 가지 단계를 성실히 이행할 때 어떤 목표든 이루어진다는 것을 아시겠지요? 그러니 당장 오늘부터 각자 자신의 실천계획을 행동으로 옮겨보세요. 물론 쉽지만은 않을 것입니다. 습관이라는 것은 하루아침에 바뀌지 않기 때문에 때로는 힘도 들고, 때로는 돌발

상황도 발생하고, 때로는 계획을 실천하다가 다른 사람들에게 오해를 받을 수도 있을 것입니다.

　우선 한 달 동안 시간을 드리고, 한 달 뒤에 모두 한자리에 모이는 기회를 마련하겠습니다. 그때 다 함께 인사도 하고, 목표를 실현하는 과정에서 어떤 어려움이 있었는지 이야기도 나누면서 정보를 주고받을 수 있을 겁니다. 자세한 일정은 추후에 이메일로 공지하겠습니다. 7기 회원 여러분, 그동안 수고하셨습니다.

목표를 향해
한 걸음 더

분명한 목표를 가져라. 이 목표가 구체적이고도
확실한 것이 될 때까지 갈고 닦아라.
그것을 항상 당신 마음속에 간직하라.
그러면 당신은 어디로 가든지 그것을 잊지 않을 것이다.

7

한 달 후, 청량리역 앞. 가벼운 옷차림에 선글라스까지, 모
처럼 한껏 멋을 낸 뱃살공주가 다른 회원들을 기다리고 있
었다. 며칠 전부터 클럽 회원들과 직접 만나기로 하고 장소
를 정하다가, 이번 달에는 금요일에 공휴일이 있으니 이왕
만나는 거라면 1박 2일로 짧게 MT라도 다녀오자는 의견이
나왔던 것이다. 줌마렐라는 아무래도 주부여서 처음에는 참
석하기가 어려울 것 같다고 했지만, 다행히 아이가 유치원
에서 캠프를 갔고 남편도 이해해주어 네 사람이 모두 참석

할 수 있었다.

주말까지 사흘을 연달아 쉴 수 있어 사람이 많을 거라고 예상했지만, 생각보다 역은 한산했다. 출발 15분 전에 매표소 쪽으로 가니 두 사람이 기다리고 있었다.

"저……. 혹시 인터넷 클럽에서 오신……."

"'목표달성 클럽' 회원님이세요?"

"네. 저는 아이디가 뱃살공주라고 하는데……."

"아, 그러세요? 반갑습니다. 제가 줌마렐라예요."

"저는 클럽 운영자 구루입니다. 만나서 반갑습니다."

직접 만나는 것은 처음이지만, 오랫동안 클럽에서 함께 활동을 해서인지 그리 낯설지는 않았다. 곧 나머지 멤버들도 도착했다. 다섯 명은 짧게 자기소개를 하고, 기차에 올랐다. 오랜만에 기차 안에서 김밥과 간식을 나눠 먹고 이야기를 나누니 금방 친해졌고, 마치 어린 시절로 돌아간 것 같은 기분도 들었다. 처음 클럽을 알고 나서 어떤 생각이 들었는지, 목표경영을 알아가는 동안 무엇을 느꼈는지, 목표와 전략과 실천계획을 세우고 계획을 실천하는 동안 어떤 어려움이 있었는지, 네 사람은 물 만난 고기처럼 그동안 마음속에 담아 두었던 이야기를 쉴 새 없이 나누었다.

펜션에 짐을 풀어놓은 다음, 근처 계곡에서 물놀이를 하고 과일도 먹으며 시간을 보내니 해가 금방 저물었다. 부대찌개로 저녁까지 든든히 먹고 한자리에 모이자, 오랫동안 알고 지낸 친구처럼 서로가 든든하게 여겨졌다. 다섯 사람은 자연스럽게 자신의 목표와, 그 목표를 달성하기 위해 지금 얼마나 열심히 노력하고 있는지에 대한 이야기를 나누게 되었다.

"사실 저는 전략까지 세우고 나서, '드디어 다 끝났구나.' 싶었어요. 그런데 구루 님이 실천계획을 또 세우라고 하셔서 깜짝 놀랐어요. 내가 보기엔 이걸로도 충분한데 여기서 뭘 더 구체적으로 세우라는 건지 모르겠더라고요. 귀찮기도 하고요."

"저는 제대로 못 해서 그렇지, 실천계획을 세우는 것까지는 별로 어렵지 않았어요. 그런데 구루 님이 세우신 계획을 확인하는 순간 숨이 턱 막히더라고요. 솔직히 도서관에 박혀서 영어책 들여다보는 게, 지겹긴 해도 어려운 일은 아니잖아요. 그런데 구루 님이 짜주신 계획을 보니 영어공부 외에 공모전이나 논문대회도 준비해야 하고, 프레젠테이션 연습도 해야 하고, 할 일이 진짜 많더라고요. 2주밖에 안 됐지만 클럽에서 세운 방식대로 준비를 하면서, 그동안 제가 정말 계획 없이 남들처럼 도서관에만 앉아 있었다는 걸 알게 됐어요. 그래도, 솔직히 피곤한 건 사실이에요."

"저도 마찬가지예요. 책에서 손 놓은 지 10년이 지났잖아요. 살림만 하던 주부가 갑자기 공부를 하려니 머리도 안 돌아가고, 집안일이 자꾸 눈에 밟혀서 집중이 안 되는 거예요. 그래도 요일별, 시간별로 나누어 실천계획을 짜니까, 지키기는 편해요. 그런데 필기시험 공부는 사실 계획대로 하기가 힘들어요. 이웃집 엄마들이 놀러올 때도 있고, 아무튼 여러 가지 상황이 자꾸 생기거든요. 사실 오늘 여기 와서 다른 분들에게 그걸 꼭 물어보고 싶었어요. 다른 분들은 어떻게 하고 계시나 무척 궁금했거든요."

"저도 비슷합니다. 사무실에서는 괜찮은데, 아무래도 남자들은 직장생활을 하면서 술자리를 피할 수가 없잖아요. 아무리 금연을 권장하는 분위기로 바뀌었다고 해도, 동료들 중에는 '천년만년 살 일 있냐? 그냥 피워라.'라고 하는 사람도 있거든요. 다행히 아직까지는 이를 악물고 버티고 있는데, 솔직히 언제까지 지킬 수 있을지 자신이 없습니다."

네 사람의 대화를 말없이 듣고 있던 구루가 흠흠, 하고 헛기침을 하더니 입을 열었다.

"제가 처음 목표경영을 배우고 실천할 때도 여러분과 똑같은 고민을 했답니다. 그동안 내가 목표를 제대로 세우지 못해서 실패했다는 걸 알았을 때는, '앗싸! 내가 방법만 제대로 익히면 무엇이든 다 이룰 수 있겠구나!' 하고 생각했거든요. 그런데 이걸 직접 실천하다 보니, 여간 어렵지 않았어요. 무인도에서 혼자 산다면 모를까, 여러 사람들과 함께 직장생활을 하는데 내 생각대로만 행동할 수도 없고, 지금 뭘 실천해야 하는지 알고 있으면서도 그대로 지키지 못하니까 스트레스가 더 쌓였지요.

지금 여러분이 느끼는 어려움은 누구나 목표를 달성하는 과정에서 겪는 문제예요. 마침 우리가 다 함께 MT도 왔으니, 이 자리에서 각자 한 달간 터득한 노하우랄지 비법이랄지, 그런 것들을 서로 공유하는 건 어떨까요? 한 사람이 한 가지만 알려줘도 다섯 개가 되니까요. 제 생각이 어때요?"

"저는 좋아요. 어차피 우리 클럽은 평범한 친목동호회가 아니니까, 오프라인에서도 무엇이든 배워 가면 좋지 않겠어요? 그저 먹고 마시고 떠드는 것보다 MT를 온 보람이 클 것 같아요."

줌마렐라의 말에 절대금연도 동의했다.

"저도 찬성입니다. 글을 읽을 때는 궁금한 점이 있어도 그 자리에서 해결할 수가 없어서 답답했는데, 오늘은 실시간으로 다양한 의견을 들을 수 있으니 더 많은 것을 배울 수 있을 것 같군요."

뱃살공주와 취업성공도 고개를 끄덕였다. 다른 사람들에게서 뭔가 귀중한 정보를 얻을 수 있을 것 같은 예감에 모두 눈이 반짝거렸다.

"음……. 그럼 저부터 말해볼게요. 저는 한 달 동안 공부하면서 제일 어려웠던 게 필기시험 공부였어요. 구루 님이 세우신 계획을 지키려면 일주일에 12시간 이상 필기시험 공부를 해야 하고 특히 월, 수, 금요일 오후에는 다른 일은 하지 않고 오답노트 복습을 해야 하잖아요. 그런데 오답노트를 작성하는 것까지는 하겠는데, 솔직히 소외되지는 않을까 부담스러웠어요. 사실 오후 2~4시는 주부들이 유일하게 한숨 돌릴 수 있는 시간이거든요. 특히 이웃들 중에 제 또래 엄마들이 많아서, 그 시간에 저희끼리 모여서 차도 마시고 수다도 떠는 경우가 많아요. 그런데 제가 어느 순간부터 안 나가니까 왜 안 나오느냐고 자꾸 연락을 하는데, 솔직히 공부한다고 말하는 것이 눈치가 보이는 거예요. 미리 소문을 냈다가 떨어지면 민망하기도 하고, 무엇보다 혼자 잘난 척 하는 것처럼 보일 수도 있으니까요. 하다못해 학교에서도 급식당번이나 학교 행사 참여와 관련해서 전업주부인 엄마들과 일하는 엄마들 사이에 미묘한 갈등이 있는 게 사실이잖아요? 게다가 저도 새벽부터 밤늦게까지 온갖 집안일과 남편과 아이 뒷바라지를 하느라 하루 종일 이리 뛰고 저리 뛰는데, 오후에 한두 시간 쉬는 여유마저 없으면 너무 힘들 것 같다는 생각이 들었어요."

"아, 무슨 말인지 알겠어요. 저희 엄마도 꼭 점심 드시고 나서 한두 시간 정도는 옆집, 윗집 아주머니들과 시간을 보내시더라고요. 지난번에 아무 생각 없이 "매일 보는 동네 아줌마들이랑 무슨 할 얘기가 그렇게 많아? 차라리 그 시간에 운동을 하거나 책을 읽거나, 뭔가 좀 생산적인 일을 해봐."라고 했다가 엄마한테 엄청나게 잔소리 들었어요. 엄마가 집에만 있다고 노는 줄 아느냐, 부터 시작해서 살림은 뭐 아무나 하는 줄 아느냐, 힘들게 키워놨더니 엄마 무시하는 거냐……. 그날 저녁 내내 시달렸어요."

취업성공이 옆에서 거들자 뱃살공주가 다른 의견을 내놓았다.

"글쎄요. 무슨 말인지는 알겠는데 제 생각은 좀 달라요. 요즘 주부들은 옛날 저희 부모님 세대와 달라서 아무 생각 없이 집에서 밥하고 빨래만 하는 경우는 거의 없잖아요. 살림을 하더라도 자기만의 살림 노하우를 계발해서 블로그나 클럽에 올리는 분들도 많은데, 오히려 다른 주부들에게 소문을 내는 게 좋지 않을까요? 그러면 또래 주부들 중에는 자극을 받는 분도 있을 거고, 혹시 알아요? 같이 공부하겠다고 나서는 사람이 있을지도……. 어쨌든 요리 관련 자격증이니까 주부들 입장에서는 도움이 될 것 같은데요. 오히려 학원보다 주부들이 요리에 관한 정보는 더 잘 알 것 같다는 생각도 들거든요."

"그럴까요? 음……. 절대금연 님 생각은 어떠세요?"

"저는 솔직히 줌마렐라 님의 심정을 알 것 같아요. 저도 직장 다니면서 금연을 실천하기가 여간 어려운 일이 아니거든요. 옆 사람이 담배 피우는 걸 보면서 참는 것도 고역이지만, 사실 조직생활을 하면서 개인의 목표를 달성하기란 상황에 따라서는 참 많은 희생을 요구할 수도 있어요. 특히 남성 직장인들 같은 경우는 인맥 관리가 엄청나게 중요한데, 내 몸 챙기겠다고 금연이나 금주를 선포했다가 회사생활에 어려움을 겪는 경우가 무척 많거든요. 이를테면, 가족들과 함께 시간 보내려고 일찍 퇴근하겠다고 하면 '당신 가정만 중요하냐? 누군 가족들과 함께 있기 싫어서 야근하는 줄 아느냐?' 하는 거죠."

"그렇구나……. 구루 님은 어떻게 생각하세요?"

줌마렐라가 의견을 구하자, 구루가 입을 열었다.

"세 분이 말씀하시는 걸 듣다 보니, 마침 해드리고 싶은 이야기가 떠오르네요. 사실 목표를 세운 다음에 그 목표를 주변에 알리고 협조를 구하는 방법 자체는 아주 좋은 것입니다. 그런데 제가 주부가 아니어서 그런지 지금 줌마렐라 님의 상황에도 그것이 도움이 되는지는 모르겠어요. 대신 이 말씀을 드리고 싶습니다.

나비효과(butterfly effect)라는 말을 들어보셨지요? 중국 베이징에 있는 나비의 작은 날갯짓이 다음 달 뉴욕에서 폭풍을 발생시킬 수도 있다는 과학이론인데요. 미국의 기상학자 에드워드 로렌츠(E. Lorentz)에 의하면, 변화무쌍한 날씨를 예측하기 힘든 이유는, 지구 어디에선가 일어나는 조그마한 변화로 인해 우리가 상상할 수 없는 현상이 나타나기 때문이라고 합니다.

몇 년 전에 인도네시아 수마트라 근처 해저에서 발생한 강진으로 쓰나미가 일어나 15만 명이 사망하는 사건이 발생했지요. 규모 9.0을 기록한 이 지진은 고베 대지진의 160배에 해당하는, 그야말로 강력한 것이었습니다.

영화나 드라마를 봐도, 주인공이 문 닫히기 직전인 버스나 지하철을 타느냐 못 타느냐에 따라 이야기가 180도로 달라지는 경우가 많지요. 이처럼 미래에 나타나는 결과는 오늘 내가 어떤 말과 행동을 하고 어떤 결정을 내리느냐에 따라서 확연히 달라집니다. 결국 지금 발생하는 일들이 미래에까지 연결되어 영향을 끼친다는 것이지요.

오늘 내가 얼마나 노력하느냐에 따라 미래에 선물을 받을 수도 있고, 실망할 수도 있다는 것을 유념한다면 도움이 될 것 같네요. 오늘 여러분이 뭔가를 선택하고 결정하는 것이 중요한 이유도 그 때문입니다. 5분, 10분, 하루, 이틀이 모여 10년, 20년이 완성되는 것처럼 말이지요.

목표경영을 하는 이유도, 이를 통해 우리가 지금보다 더 단단하고 강하게 단련될 수 있기 때문이 아닌가요? 지금 줌마렐라 님이 베이커리 자격증을 따기 위해 계획하고 실천하는 작은 행동 하나하나가 몇 달, 몇 년 뒤 어떤 결과를 가져

올지 생각해본다면, 일주일에 세 번씩 하루 두 시간을 투자하는 것이 그렇게 고통스럽지만은 않을 것 같다는 생각이 듭니다. 혹시 왕따를 당하지는 않을까 하는 걱정이 생긴다면, 목표를 알릴 때 '같이 해보자.'라고 권유해보세요. 그리고 보다 넓은 시각에서 '내가 왜 이 목표를 세우게 됐는지' 설명해주세요. 절대금연 님 같은 경우는, 그저 내 한 몸 건강하게 살기 위해서가 아니라, 담배를 끊음으로써 나 자신의 건강은 물론 비흡연자들의 건강도 지켜주고, 건강해진 몸으로 더 밝고 활기차게 일해서 좋은 실적을 내고 싶다고 알리는 거지요. 담뱃값을 모아서 기부를 한다거나, 하다못해 몸에서 담배 냄새가 안 나면 근무환경도 더 나아지지 않겠느냐고요. '나 혼자 잘 먹고 잘살겠다.'가 아니라 변화된 나로 인해 주변에도 긍정적인 영향을 미치고 싶다라는 뜻을 전하면, 아마 주변 사람들도 응원해주지 않을까요? 줌마렐라 님 같은 경우는, '집에만 있는 게 시간낭비 같아서 자격증 공부를 하겠어.'가 아니라 '내가 제과제빵에 관심이 많으니까 이왕이면 자격증까지 따서 이웃 사람들에게 정말 맛있는 빵을 선물해줘야지.'라고 하면 좋을 것 같네요."

구루의 말에 줌마렐라가 고개를 끄덕였다. 막상 목표를 세우기만 하고, 그 목표를 이루기 위해 노력하는 과정을 귀찮게 생각했던 것이 떠올라 부끄러웠다.

분위기가 살짝 가라앉자 뱃살공주가 황급히 입을 열었다.

"하하, 괜찮으니까 너무 상심하지 마세요. 저도 늘 그런데요, 뭐. 전 한 달이 지났는데 이제 겨우 500g밖에 안 빠졌거든요. 사실 500g이야 밥 한 끼 굶으면 빠지는 정도니까 정확히 말하자면 아직 제대로 실천하지 못하고 있는 것과 마찬가지죠. 저는 성격이 별로 독한 편이 아니어서인지, 쉽게 포기하는 경우가 너무 많아요. 그래서 바로 전날까지 그렇게 굳게 결심을 하고도 다음 날만 되면 그 결심이 희미해지는데, 큰일이에요. 죽어라 운동하고 집에 왔는데 가족들이 족발 먹으면서 "너도 와서 먹어." 한마디만 하면, 헬스클럽에서 그렇게 열심히 땀 흘렸던 것도 잊어버리고요. 그래서 항상 '내일부터'라는 말을 달고 살아요. 남들이 옆에서 한두 번만 꾀면 홀라당 넘어가버리기 때문에 회사에서도 너무 힘들고……. 클럽에서 글 읽을 때 구루 님이 "문제는 의지가 아니라 방법이다."라고 말씀하셨지만, 솔직히 전 아직도 의지가 문제인 것 같아요."

뱃살공주가 시무룩하게 말하자 줌마렐라가 손사래를 쳤다.

"음식에 대한 욕구는 본능이잖아요. 그러니 너무 실망하지 마세요. 그리고 그렇게 귀가 얇다면, 그걸 다이어트에 이용해보는 건 어때요?"

"어떻게요?"

"회사에 좀 직설적으로 말하는 사람 없어요? 왜, 어딜 가나 그런 사람 한둘은 있게 마련이잖아요. 사실이긴 한데 살짝 기분 나쁘게 말하거나, 다른 사람 배려한다고 조심스럽게 말하지 않고 기면 기다, 아니면 아니다 딱 잘라서 말하는 사람. 그런 사람 있으면 다이어트 하는 데 도움이 많이 되거든요. 우리 남편이 약간 그런 편인데, 나도 애 낳고 나서 살이 많이 쪘을 때 남편이 하도 옆에서 구박을 해서, 솔직히 다이어트 할 때 자극을 많이 받았어요."

줌마렐라의 말에 절대금연도 무릎을 치며 동의했다.

"맞아요. 사실 저는 목표를 달성할 때 여기저기 입소문을 내고 다닐 필요가 있다고 생각해요. 원래 몸에 좋은 것은 입에 쓰고 몸에 나쁜 것은 단 법 아닙니까. 특히 음식이나 담배 같은 기호품에 대한 욕구는 인간의 가장 원초적인 본능에 해당하기 때문에, 자기 힘만으로 참기가 무척 힘들잖아요? 특히 우리나라는 집단, 소속, 이런 걸 워낙 중요하게 생각하니까, 혼자 까다롭게 군다고 눈치 받을 때도 많고요. 제 말이 맞죠, 운영자 님?"

"물론이죠. 다른 계획도 마찬가지지만 특히 줌마렐라 님 이나 절대금연 님처럼 다이어트나 금연을 목표로 할 경우에 는 그 목표를 주변에 알리고 협조를 구할 필요가 있습니다. 좋아하는 음식을 눈앞에 두고 외면하기란 그야말로 고문이 니까요. 이를 악물고 참고 있는데 누가 옆에서 맛있는 음식 을 먹거나 담배를 피우고 있으면, 얼마나 야속하게 느껴집 니까? 그러니 주변의 도움은 필수지요. 도움을 요청할 때도 장난으로 하지 말고, 정말 강경한 의지를 담아서 간절하게 요청하세요. 특히 우리나라 사람들은 체면을 중시하다 보니, 여러 사람 앞에서 발표한 내용을 지키지 못했을 경우 놀림 이나 비난 받을 것을 굉장히 두려워하잖아요. 그걸 이용하 면 계획을 실천하기가 한결 쉬워집니다."

"확실히 직접 만나서 이야기하니까 속도 좀 후련해지는 것 같고, 도움이 많이 되네요. 다시 한 번 희망을 갖게 되 고……. 아무리 생각해도 MT에 오길 잘한 것 같아요."

"그런데 취업성공 님은 어디 아파요? 아까부터 안색이 안 좋던데……."

"네? 아니오. 괜찮아요……."

"괜찮은 얼굴이 아닌데요? 무슨 일 있으면 속 시원히 말해요. 우리가 도울 수 있는 게 있을지도 모르니까."

"맞아요. 어렵게 생각하지 말고 언제든지 도움 요청해요. 여기 있는 사람들 모두 취업성공 님보다 인생 경험이 많으니까 도움을 줄 수 있을 거예요."

"사실…… 저는 클럽 활동을 그만두고 싶다는 생각이 들어요."

"네?! 뭐라고요?"

"그만둔다고요? 우리가 잘못 들은 거 아니죠?"

"왜요? 무슨 일 있어요?"

전혀 예상치 못했던 그의 폭탄 발언에 다들 어리둥절한 표정을 지었다. 비록 직접 만난 것은 오늘이 처음이지만, 이미 한 달이 넘게 온라인에서 거의 매일 만나다시피 하면서 서로 알게 모르게 정이 많이 들었기에 네 사람은 어찌할 바를 몰랐다.

"사, 사실 다른 분들은 어떨지 모르겠는데, 저는 너무 힘들어요. 친구들은 다들 이름만 들으면 아는 대기업, 외국계 기업에 입사해서 잘 지내고 있는데 취업정보 모은답시고 그 친구들 쫓아다니는 것도 자존심 상하고요. 친구들도 처음에는 절 걱정해주고 잘 됐으면 좋겠다고 위로해줬지만, 자신들도 신입이니 회사 일도 많을 텐데, 언제까지나 제 하소연만 듣고 있을 수는 없잖아요.

취업한 사람들끼리 모여서 서로 자기 회사 자랑하고 월급은 얼마인지, 재테크는 어떻게 할 건지 이야기하는 게 훨씬 도움이 되지 않겠어요? 선배들, 친구들에게 연락하는 것도 민망하고 공모전이나 논문대회도 말이 쉽지, 졸업까지 한 상태에서 혼자 그런 걸 준비하려니 너무 힘들어요. 지도 교수님이 있는 것도 아니고 같이 할 친구들이 있는 것도 아니고……."

그는 더 이상 말을 잇지 못했다. 눈에 눈물이 그렁그렁 고여 있었다. 네 사람은 난감하다는 듯 서로를 쳐다보았다. 이 돌발상황에서 어떻게 대처해야 할지, 어떻게 위로를 해주어야 할지 모르겠다는 표정이었다.

"음……. 저기, 요즘은 워낙 취업하기 어려운 시대이고 우리보다 목표도 크니까, 우리 중에서 제일 힘든 건 당연한 거예요. 그래도 어쨌든 여기까지 왔으니까……. 음……, 우리도 많이 도와줄 거고, 또 열심히 하다 보면……."

절대금연이 열심히 달래보려 했지만, 아무 도움이 되지 않았다.

"어제도 두 군데 회사에 이력서를 제출했는데요. 더 이상 연락이 없으면 이제 마케팅 쪽 취업 준비는 안 할 거예요. 제가 장남인데 언제까지 시간만 낭비할 수도 없고, 부모님께 마냥 용돈만 타서 쓸 수도 없으니까요. 평일, 주말로 나눠서 아르바이트 하면 생활비 정도는 마련할 수 있으니까, 돌아가면 다음 주에 아르바이트 자리를 알아볼 거예요. 클럽에서 많이 배웠는데 중간에 빠지게 되어 다른 분들에게는 너무 죄송해요. 사실 이 말을 하려고 오늘 여기 온 거예요."

"제 말을 좀 들어볼래요?"

묵묵히 듣고 있던 뱃살공주가 뭔가 결심이라도 한 듯 나직이 입을 열었다.

"무슨 말인지 잘 알았어요. 그런 생각이 드는 지금 상황도 충분히 이해하고요. 나도 6년 전 취업준비를 할 때 똑같은 스트레스로 마음고생을 했거든요. 식상한 말이긴 하지만, 진정한 노력은 절대 배반하지 않는다는 것을 말해주고 싶어요. 지금까지 해온 게 아깝지도 않아요?"

"누나, 그렇게 말해주셔서 감사한데요. 그래도 전 자신이 없어요. 내년에 또 졸업생들이 쏟아져 나올 텐데, 올해 안에 취업이 안 되면 시간이 지날수록 가능성은 점점 더 줄어들잖아요. 그렇다고 제 이력이 그렇게 화려한 편도 아니고요. 작은 회사여도, 마케팅 일이 아니어도 상관없으니 아무데나 들어가서 돈을 모으는 게 나을 것 같아요."

"왜 그렇게 마케팅 일을 하고 싶어요?"

잠자코 듣고 있던 구루가 말을 건넸다.

"음······. 왜인지는 잘 모르겠어요. 그저 학창 시절부터 무작정 마케팅, 광고, 홍보, 이런 쪽에 관심이 많았어요. 남들은 텔레비전을 볼 때 CF가 많이 나오면 지겹다고 했지만, 전 CF가 정말 재미있었거든요. CF 한 편을 보더라도 무슨 생각에서 저런 콘셉트를 잡았을까? 왜 저런 카피를 썼을까 생각해보기도 하고, 만약 내가 이 제품을 광고로 만든다면 어떤 식으로 포장할까? 제품명은 어떻게 지을까? 그런 생각을 많이 했어요."

"그럼 이력서를 쓸 때 그런 내용을 적었어요?"

"당연하죠. 지원동기 쓸 때 항상 이 이야기를 적었는데요."

"잠깐만요. 내 생각에는 이렇게 쓰면 더 좋지 않을까 하는 생각이 드는데······."

절대금연이 입을 열었다.

"우리 회사에서 얼마 전에 신입사원을 뽑았거든요. 처음에 공고를 내고 나서 이력서가 정말 많이 접수됐는데, 나와 제일 친한 동료가 인사담당자여서 지원자들 이력서를 몇 통 읽었던 기억이 나요. 다들 공부도 많이 하고 인턴십에서 어학연수, 해외봉사활동 등 경력들도 화려해서, 대체 인사과에서는 무슨 기준으로 사람을 고르나 궁금했어요. 그런데 그 동료 말이, 우리 회사에 관심이 있는 사람은 이력서에서 표시가 난대요. 그런 친구들은 지원동기를 봐도 아주 구체적이고, 웬만한 우리 회사 직원들보다 우리 회사 제품이나 광고, 인지도 같은 것들을 잘 알고 있는 경우도 있다고 하더라고요. 그러니까 정말 입사하고 싶은 회사 몇 군데만 골라서 그곳을 집중공략 해보세요. 얼마 전 신문기사 보니까 어떤 구직자들은 자기가 가고 싶은 회사의 주식 현황까지 조사하는 경우도 있대요. 그러면 회사에서도 '아, 이 사람은 정말 우리 회사에 오고 싶어 하는구나. 정말 우리 회사에 애정이 많구나.' 하고 감동하지 않겠어요?"

"제가 생각해도 그 말에 일리가 있을 것 같아요. 아직 우리가 클럽에서 목표달성 방법을 제대로 전수받은 지 얼마

되지도 않았잖아요. 포기하기엔 너무 이른 것 같은데, 조금만 더 도전해보는 게 어때요?"

다른 회원들의 위로와 조언에 취업성공의 표정이 조금은 누그러졌다.

"다른 분들이 좋은 이야기를 많이 해주셨는데, 제가 목표경영을 조금이나마 더 실천해본 입장에서 말씀드리자면, 취업성공 님은 약간 극단적으로 생각하는 경향이 있는 것 같아요. 너무 이분법적으로 생각하는 건 별로 좋지 않답니다. 남들보다 좀 늦어지면 어때요? 설령 실패한다 해도, 그렇게 두려워할 필요가 없다고 생각해요. 실패할 것이 두려워서 시도도 하지 않기에는 인생이 너무 아깝잖아요? 지금이야 원하는 곳에 취업하지 못하면 인생이 다 끝나버릴 것처럼 두렵게 느껴질 수도 있지만, 우리 인생은 결코 '모 아니면 도'가 아니에요. 사실 성공을 가로막는 가장 큰 장애물은 학벌도, 외모도, 배경도 아닌 실패에 대한 두려움이에요."

네 사람은 구루의 말을 신중하게 새겨들었다. 말 한마디 한마디를 곱씹으면서 듣는 사람도 있었고, 고개를 끄덕이며 귀를 기울이는 사람도 있었다. 구루는 잠시 말을 끊었다가 다시 입을 열었다.

"여러분은 각자 실패를 경험하고 나서 우리 클럽의 문을 두드리셨지요. 네 분 모두 그동안 실패했던 경험을 딛고 다시 잘해보겠다는 의지와 욕심을 가지고 있다고 생각합니다. 취업성공 님뿐 아니라 다른 분들도, 앞으로 아무리 힘든 상황이 닥치더라도 우리 클럽에 가입하면서 가졌던 그 마음을 잊지 말았으면 좋겠어요.

설령 실패하더라도, 그렇다고 해서 우리가 실패자가 되는 것은 아닙니다. 실패는 단지 한 가지 사건일 뿐이에요. 우리가 할 일은 실패를 본보기 삼아 계속해서 전진해나가는 것뿐이지요."

구루가 말을 마치고 나서 네 사람을 둘러보았다. 다들 고개를 숙인 채 뭔가 진지하게 생각하고 있었다. 취업성공은 다시 마음을 다잡았는지, 입을 굳게 다문 채 결연한 표정을 짓고 있었다.

"우리 분위기 좀 바꾸면 안 될까요? 너무 가라앉아 있는데……. 모두들 그동안 많이 힘드셨나 봐요. 전 저만 그런 줄 알았는데, 회원들 모두 할 얘기가 이렇게 많이 쌓여 있을 거라곤 생각도 못했네요."

절대금연이 너스레를 떨며 입을 열었다.

"저도 금연을 실천하는 과정이 마냥 쉽지만은 않아요. 사실 클럽에서 목표를 세우고 나서 지금까지 한 개비도 안 피웠다면 거짓말이죠. 솔직히 고백하자면 오늘 아침에 역으로 오기 전에도 한 대 피우고 왔어요. 저는 사흘까지는 참겠는데 나흘째가 항상 고비예요. 목표경영을 시작한 첫날에도 일주일만 성공하면 소원이 없겠다는 생각을 했는데, 역시 습관이 무섭네요. 아무리 이를 악물어도 나흘을 넘기기가 힘드니……. 셋째 주에 딱 한 번 닷새 금연에 성공한 적이 있는데, 스스로가 너무 기특한 나머지 저도 모르게 포상으로 담배를 피웠지 뭐예요. 사실 저의 진짜 고민은 나흘째에 굴복하게 되는 습관이지, 직장에서 왕따 당할지도 모른다는 불안감은 아니에요."

사람들이 웃음을 터뜨리자, 그가 무안한지 머리를 긁적였다.

"그래도 멋있네요. 어쨌든 닷새까지 한 번은 성공하신 거잖아요. 그럼 실패한 건 아니지 않나?"

뱃살공주의 말에 줌마렐라도 동의했다.

"맞아요. 그렇게 열심히 끊으려고 하시니, 부인께서 참 좋아하시겠어요. 우리 남편은 아예 시도조차 안 하는데. 우리 남편은 제가 담배 좀 그만 피우라고 하면 "당신도 한번 피워봐. 얼마나 좋은데." 이래요. 자기는 스트레스 받으면서 담배 끊는 것보다 즐거운 마음으로 담배 피우는 게 몸에 더 좋다고 생각한대요. 정말 대책이 없다니까요."

"그래도 아저씨는 대단하시네요. 그렇게 오래 피우신 담배를 닷새 동안 참으셨다니……. 스스로 자랑스럽게 생각하셔도 될 것 같은데요? 저는 만약 S그룹이나 H그룹에 면접을 보게 된다면, 설령 취업은 못 하더라도 서류전형에 통과한 게 뿌듯해서라도 저 자신에게 선물 하나는 할 것 같아요."

"하하, 그렇게 말씀해주시니 마음이 좀 가벼워지네요. 오늘 MT를 온 보람이 있는 것 같아요. 내일 돌아가면, 여기서 받은 용기에 힘입어 일주일 금연에 한번 도전해야겠어요."

울고 웃고, 위로하고 위로받으며 지금까지 목표경영을 하면서 느꼈던 어려움과 힘들었던 기억을 나누다 보니, 어느덧 밤이 깊어 있었다.

"확실히 다른 사람의 이야기를 들어보니 내 문제를 해결하는 데에도 도움이 되네요."

"네. 저도 오늘 이 자리에서 이야기하면서 여러 가지 노하우를 많이 얻었어요. 서울 가서 잊어버리지 않으려고 지금 열심히 머릿속으로 외우고 있을 정도예요."

"앗, 나는 거기까진 생각 못했는데? 그럼 우리 그냥 이야기만 하고 끝낼 것이 아니라, 이 MT를 통해 얻은 노하우랄까 팁이랄까, 그런 것들을 좀 정리해두는 게 어때요? 나중에 우리가 모두 목표경영에 성공하면, 우리 기수만의 특별비법 식으로 다른 사람들에게 알려줄 수도 있으니까 좋을 것 같은데."

"어머, 좋은 생각이에요. 그럼 한 사람씩 돌아가면서 지금까지 자기가 깨닫게 된 점을 이야기하는 걸로 하죠."

"정리는 제가 할게요."

취업성공이 가방에서 펜과 다이어리를 꺼내며 말했다. 아까 다른 회원들의 말을 듣고 위로를 받았는지, 시무룩하던 얼굴이 조금은 밝아져 있었다.

"저는 '나비효과'라는 말이 기억에 남았어요. 알고는 있었지만 그런 사회현상이 제가 목표를 달성하는 데에도 적용될 수 있다는 사실이 새로웠거든요. 조금만 여유가 있으면 과자봉지 들고 TV 앞에 앉는 게 버릇이었는데, 30분이 사실 긴 시간은 아니지만 여기에 10년이라는 세월을 곱해보니 참 놀랍더라고요. 내가 너무 쉽게 많은 것을 얻으려고 했구나 하는 생각도 들면서 반성을 많이 하게 됐어요. '아침마

당' 같은 주부 프로그램을 보면 성공한 기혼 여성들이 자주 출연하는데, 항상 그 사람들이 부럽다고만 생각했지, 어떻게 그 사람들이 그 자리에 오를 수 있었는지, 나도 그 사람들을 벤치마킹해야겠다는 생각은 하지 않았거든요."

"그럼 나비효과라고 정리할까요?"

"아뇨, 나비효과보단…… 미래지향적인 사고를 가지고, 끊임없이 타인을 벤치마킹한다. 이 정도면 어때요?"

"이야, 멋있어요!"

"저도 있어요. 저는 얼마 전에 날씬한 후배한테 비싼 밥까지 사 먹이면서 다이어트 노하우를 전수받으려고 했는데, 지금 돌이켜보니 그때는 '저 사람에게 효과가 있으니 나에게도 효과가 있겠지.'라는 생각을 했던 것 같아요. 저는 주변 사람들에게 내 목표를 알리고 협조를 구하라는 말이 와 닿았어요. 집에서 밥 먹을 때도 맛있는 반찬이 있으면 '다이어트하는 데 도움이 안 돼.'라고 생각했지, 한 번도 엄마에게 말씀드리고 식단을 바꿔달라고 말할 생각을 못 했거든요. 등잔 밑이 어둡다고, 왜 그 생각을 못 했는지 모르겠어요."

"음……. 그럼 뱃살공주 님의 결론은 '주변에 도움을 요청한다.' 맞죠?"

"네, 그런데 이왕이면 좀 강하게 표현해주세요. '사돈의 팔촌까지 사방팔방으로 알린다.' 이게 더 강력하지 않아요?"

그녀의 말에 다들 폭소를 터뜨렸다. 이번에는 절대금연이 입을 열었다.

"저는 '고기도 씹어본 사람이 맛을 안다.'라는 속담이 떠올랐어요. 목표경영과 어울리지 않는 말일 수도 있는데, 지금 제 상황에는 이 말이 정확히 맞아떨어지는 것 같아요. 평소 자기계발에 관한 책을 읽으면 어느 책에서든 볼 수 있는 말이라고 생각했는데, 역시 진리는 가까운 곳에 있네요."

"알았어요. 그럼 아저씨는…… 작은 성공이 큰 성공을 부른다. 이렇게 하면 될까요?"

"와, 최고예요! 이 친구, 센스가 있네."

취업성공은 사람들이 말하는 것을 기록하고 나서 입을 열었다.

"저도 아까 구루 님이 조언해주시는 걸 듣다가 떠올린 말이 하나 있어요. 사실 제가 약간 부정적으로 생각하는 경향이 있는 편이거든요. 그래서 '모 아니면 도'라는 식으로 생각하지 말라고 말씀하셨던 게 기억에 남아요. 그래서 제가 터득한 건 극단적으로 생각하지 말라로 정했어요. 어때요?"

"역시, 이 친구는 자질이 있다니까! 너무 걱정하지 말고 긍정적으로 생각하면서 조금만 더 시도해봐요. 혹시 아나? 당장 내일 서울 올라가면 면접 보러 오라는 연락이 와 있을지도."

그때 회원들이 하는 이야기를 옆에서 듣고 있던 구루가 입을 열었다.

"여러분이 정말 대단하네요. 머리 식히러 와서까지 각자에게 필요한 것을 찾으시다니……. 방금 여러분이 말씀하시는 것을 듣다가 생각한 건데, 우리가 지금까지 목표경영을 하면서 깨달은 것들이 네 개잖아요. 여기에 몇 가지만 더해서 이걸 '목표달성 클럽 7기 회원들의 성과물'로 만드는 건 어떨까요? 클럽에도 올리고요."

"그거 근사한데요! 전 대찬성이에요. 그럼 몇 개나 더 추가할까요?"

"다섯 개 어때요? 독수리 오형제처럼."

"그보단 우리가 7기 회원이니까 일곱 개로 맞추는 게 더 좋지 않을까요?"

"일곱 개! 좋아요. 게다가 7이면 무지개로도 표시할 수 있으니 뭔가 있어 보인다는 느낌이 들어요."

"좋아요, 그럼 세 개만 더 생각해보기로 해요."

네 사람 모두 그동안 보고, 듣고, 느꼈던 것들을 떠올리며 새로 알게 된 사실이 없는지 궁리하기 시작했다.

"앗, 나 하나 생각났어요!"

절대금연의 말에 사람들이 고개를 돌렸다.

"아까 제가, 닷새 금연에 성공한 게 스스로 대견해서 포상 담배를 피웠다고 했잖아요. 결과적으로 보면 금연에 실패한 거지만, 사실 목표경영을 시작한 지 얼마 되지도 않았는데 20년 넘게 피워온 담배를 하루아침에 끊기란 어차피 불가능하지요. 너무 저 자신을 합리화시키는 게 아닐까 하는 생각도 들지만, 포상 담배를 피우면서 새삼 저 자신이 자랑스러웠어요. 난생 처음으로 닷새 금연에 성공했으니까요. 어차피 제 목표는 '완벽하게 금연하기'니까, 좀 더디더라도 작은 목표 하나를 실행했을 때 자신에게 어느 정도 보상을 해주면 효과가 더 좋을 것 같다는 생각이 들어요."

"와, 그 방법 너무 맘에 드는데요. 하긴, 제 후배 중에도 엄청 날씬한 애가 있는데 걔는 2주에 한 번 다이어트 휴무일을 정해서, 그날 낮 동안은 자기가 먹고 싶은 걸 왕창 먹는대요. 그럼 스트레스를 안 받아서 다이어트를 편하게 할 수 있다고 하더라고요."

"그럼 이것도 포함시켜요. 뭐라고 하면 좋을까요?"

"음……. 자신이 얻은 결과에 대해서는 구체적으로 보상해준다. 어때요?"

"좋아요, 이제 두 가지 남았어요."

"앗, 나도 하나 떠올랐어요. 난 한 달 동안 목표경영을 하면서, 다른 집 엄마들이 자꾸 날 방해해서 내가 공부를 자꾸 못 하게 된다고 생각했었거든요. 그런데 지금 생각해보니 그건 내 합리화에 불과했어요. 손 안 대고 코 풀고 싶었던 거죠. 그래서 저는 내가 지키지 못한 계획을 변경하거나 자기합리화 하지 않는다를 추가했으면 좋겠어요."

"마지막 하나는 제가 만들어볼게요. 전 우선순위를 정해서 급한 것부터 실천한다로 하고 싶어요. 운동하러 갈 시간에 다른 일이 생기면 자꾸 그 일을 핑계 삼아서 헬스클럽 가는 걸 소홀히 했거든요. 지금 저에게 가장 중요하고 시급한 계획은 다이어트인데 자꾸 그걸 망각하게 되니까, 내일 서울에 가면 모든 일에서 다이어트를 최우선으로 두고 계획을 실천할 거예요."

이렇게 해서 일곱 가지 교훈이 정해졌다. 새롭게 만든 일곱 가지 교훈을 정리해 빨주노초파남보로 표시하고 보니, 정말 이 일곱 가지 교훈이 무지개처럼 빛나 보이는 것 같았다. 네 사람 모두 서울로 돌아가면 이 일곱 가지 교훈을 파워포인트로 예쁘게 만들어, 침대 옆과 사무실 책상 위에 올려두어야겠다고 생각했다.

목표경영이 쉬워지는 일곱 가지 노하우

첫째, 미래지향적인 생각을 가지고, 끊임없이 타인을 벤치마킹한다.

둘째, 주변 사람들에게 내 목표를 알리고 협조를 구하라.

셋째, 사돈의 팔촌까지 사방팔방으로 알린다.

넷째, 작은 성공이 큰 성공을 부른다.

다섯째, 자신이 얻은 결과에 대한 보상을 구체적으로 한다.

여섯째, 내가 지키지 못한 계획을 변경하거나 자기합리화 하지 않는다.

일곱째, 우선순위를 정해서 급한 것부터 실천한다.

다음 날, 서울에 도착한 일행은 함께 점심식사를 하고 나서 근처 커피숍으로 들어가 티타임을 가졌다. 커피를 마시면서 지금까지 느낀 점, 자신이 잘못 알고 있었던 사실들, MT 등에 대해 이야기하다 보니, 길지 않은 시간이지만 클럽을 통해 참 많은 것을 배웠다는 사실을 알게 되었다.

한창 즐거운 시간을 보내던 일행은, 해가 뉘엿뉘엿 기울 무렵이 되어서야 하나둘 자리에서 일어나기 시작했다. 구루는 '건강하세요.', '목표를 꼭 이루어서 다시 만나요.'라고 서로에게 인사를 건네며 악수를 하는 회원들을 바라보다가, 가방에서 뭔가를 꺼내 하나씩 나누어주었다.

"여러분을 보니, 앞으로 여러분이 목표를 실천하는 데 있어서 여러 가지 어려움이 닥치더라도 틀림없이 이를 잘 극복하실 것이라는 확신이 드네요. 하나의 목표를 달성하고, 또 그 다음 목표를 세워 이를 이루기 위해 노력하는 것은, 인생을 사는 동안 끊임없이 거치게 되는 과정이에요. 그리고 진정한 목표경영은 한 가지 목표라도 자신이 진정으로 원하는 수준까지 달성하는 것에서 출발하게 되지요.

지금 나눠드리는 이 자료는 그동안 클럽을 거쳐 간 수많은 분들이 '목표'라는 방정식을 인생에 도입하는 데 있어서 겪었던 여러 가지 시행착오와, 이를 극복하는 과정에서 깨닫게 된 몇 가지 노하우를 정리한 거예요. 이 내용들이 모두 정답인 것은 아니지만, 여러분이 목표를 향해 나아가는 과정에서 힘들거나 지칠 때, 마치 자양강장제처럼 힘을 줄 수 있을 겁니다. 이 자료들은 계속 업데이트되니, 여러분도 여러분만의 목표를 이루어가는 과정에서 깨달은 노하우나 원칙이 있다면 클럽을 통해 공유할 수 있기를 바랄게요."

네 사람은 구루가 건네준 자료를 받아들고, 꼭 목표를 이루어 다시 만나자고 약속한 다음 헤어졌다.

집에 도착한 뱃살공주는 구루가 준 자료를 꺼내들었다. 하나하나 읽어가던 그녀는, 어느새 마음속에서 뜨거운 열정이 활활 타오르는 것을 느꼈다. 눈을 빛내며 '목표가 있는 삶이 왜 중요한지' 강조하던 구루의 눈빛이 떠올랐고, 상기된 얼굴도 자신의 미래를 열심히 설명해주던 다른 회원들도 떠올랐다. 뱃살공주는 자신 또한 무슨 일이 있어도 목표를 달성하겠노라고, 또 이번 목표의 성공을 발판 삼아, 앞으로의 인생은 자신이 직접 디자인하겠다고 결심했다. 누구의 눈치도 보지 않고, 오로지 내가 원하는 삶을 살기 위해!

부록

'목표달성 클럽'
회원들을 위한
비타민 처방

오늘도 수많은 사람들이 '진정한 노력은 배신하지 않는다.', '인내는 쓰고 열매는 달다.'라는 말을 되새기며 열심히 일하고 있습니다. 하지만 주변을 보면, '성공의 비결은 노력'이라는 말이 의심스러운 경우가 한두 번이 아닙니다. 정말 성공의 비결이 노력이라면, 나보다 더 성공한 사람들은 모두 나보다 열 배, 스무 배는 더 노력했어야 하기 때문입니다.

하지만 현실은 그렇지 않습니다. 아니, 오히려 더 적게 일하고 즐기면서 사는 사람들이 훨씬 많은 돈을 벌고 승승장구하는 경우가 태반입니다. 이유는 간단합니다. 그들은 '무작정' 열심히 노력한 것이 아니라, 정확한 목표를 세우고 그 목표를 이루기 위해서만 열심히 노력했기 때문입니다.

구체적인 목표를 달성하고 나서 그 다음 목표를 세우고, 이를 이루기 위해 또다시 노력하는 것은, 우리가 인생을 살아가는 동안 끊임없이 하게 되는 필수적인 과정이지요. 그리고 한 가지 목표를 이루더라도, 자신이 진정으로 원하는 수준까지 달성해야만 진정으로 이루었다고 할 수 있습니다. 따라서 올바른 목표경영이야말로 내가 원하는 인생을 살고, 내가 원하는 꿈을 이루기 위해 반드시 필요한 것이라고 할 수 있습니다.

　이 자료는 그동안 여러 선배들이 '목표'라는 방정식을 인생에 도입하는 데 있어 수십, 수백 번 고민하고 시행착오를 겪으면서 깨달은 몇 가지 노하우를 정리한 것입니다. 아마 여러분이 목표를 향해 나아가는 과정에서, 한 번쯤은 힘들다고 느끼는 때가 찾아올 것입니다. 이 자료에 실린 내용이 모두 정답일 수는 없지만, 그런 위기가 닥쳤을 때 마치 자양강장제처럼 여러분에게 힘을 줄 것입니다. 이 자료는 계속 업데이트되니, 여러분도 여러분만의 위기 극복 노하우를 터득하게 되면 클럽을 통해 다른 분들과 공유할 수 있기를 바랍니다.

– 목표달성 클럽 운영진 일동

인생이란 아주 작은 목표
수천, 수만 개가 모여 이루어낸
창조물이다

'목표'라는 말에 아직도 알레르기 반응이 일어나나요? 부담스럽고 버겁게 느껴지나요? 그렇다면 '꿈'이나 '소망', '바라는 것'처럼 다른 말로 대체해보세요. 꿈이나 소망, 희망은 우리를 부담스럽게 하지 않으니까요. 오히려 우리의 심장을 두근거리게 만들고 '인생이란 참으로 신나고 즐거운 것'이라는 생각이 들게 하지요. '지금 이대로는 안 돼.', '너는 지금보다 훨씬 재미있고 의미 있는 삶을 살 자격이 있어.', '그렇게 가만히 있지만 말고 함께 가자!' 하면서, 우리가 이 세상에서 하나라도 더 보고, 듣고, 배우도록 끊임없이 손짓도 하고요.

그런데 아무리 아름다운 꿈이나 소망, 희망도 막상 실행이라는 현실과 맞닥뜨리게 되면 이내 '목표', '의무', '책임'과 같은 딱딱한 단어들로 대체되어 우리를 압박하기 시작합니다. 단어가 주는 무게와 긴장감 때문에, 때로는 애초에 내가 무엇 때문에 이 여정을 시작했는지 잊어버리기도 합니다.

목표 이루기가 이 악물고 고통을 참아내며 힘들게 달성해야 하는 인내의 시간이 아니라, 내가 원하는 삶을 살기 위해 내 시간을 경영하는 즐거운 놀이라고 생각한다면, 목표를 세우고 실천하는 과정을 부담스럽게 느끼는 우를 범하지는 않을 것입니다.

사람의 감정이란 참으로 사용하기 편리한 자원입니다. 유명인들의 라이프스토리나 화려한 모습을 담은 사진을 보면서 "야! 사람이 태어났으면 이렇게 한번 살아봐야 하는 건데.", "참 대단한 사람이야. 정말 부럽다." 하는 생각을 하기란 매우 쉽습니다. 그리고 이런 느낌은 '뭔가 근사해 보이는 것'을 볼 때마다 마치 곤충의 촉수처럼 움직입니다.

하지만 진지하게 생각해보세요. 그 사람들이 정말 '아침에 눈 뜨니 스타가 되어' 있었을까요? 당연히 아니라고 생각하시겠지요? 그렇습니다. 그들도 당신과 같습니다. '아침에 한 시간 일찍 일어난다.', '집에서는 텔레비전을 보지 않고, 해외 진출에 필요한 영어공부를 한다.', '몸무게를 몇 kg 줄인다.', '내년 몇 월까지 음반을 출시한다.'…… 이렇게 작은 목표들을 하나하나 달성하면서 인생의 큰 목표를 '이루어가는' 사람들일 뿐입니다. 그들 역시 이른 아침이면 따뜻한 이불 속에서 한 시간 더 자고 싶고, 주말에는 모든 것을 잊고 어디론가 훌쩍 떠나고 싶고, 아무도 모른다는 이유로 다이어리에 기록해둔 자신과의 약속을 외면하고 싶어 할지도 모릅니다.

결국 인생이란 아주 작은 목표, 즉 자신과 한 아주 작은 약속을 지키면서 그것을 원하는 수준까지 이루는 것에서 출발하지 않을까요? 이런 작은 목표가 모이고 모여서, 혹은 작은 목표를 이루고 나니 큰 목표를 이룰 자신감과 여건과 장비를 갖추게 되어 더 큰 성공도 맛보게 되는 것은 아닐까요?

힘들다고 느껴질 때마다, 목표를 너무 크게 설계한 것은 아닌지 점검해보세요. 달성하지 못하고 지레 포기할 것이 빤한 목표보다는, 비록 사소하더라도 내 수준에 꼭 맞아 충분히 달성할 수 있는 작은 목표가 나에게 더 많은 힘과 용기를 줄 수 있다면, 후자가 더 훌륭한 목표입니다.

그 작은 목표 하나하나가 궁극적으로는 어떤 커다란 목표를 '향하고' 있는지 떠올려보세요. 목표라는 말이 부담스럽게 다가오거나 피하고 싶을 때는, 그 목표를 세우게 된 '꿈'이나 '희망'을 떠올려보시고요. 꿈이라는 목적지에 도착하기 위해서는 어찌됐든 '목표'라는 신발을 신는 수밖에 없으니까요.

목표경영을 설명하는 내내 의지력이나 마음가짐을 탓하지 말라고 강조했는데 이제 와서 새삼 정신의 중요성을 강조하니, 의아하다는 생각이 들 것입니다. 하지만 여기서 말하는 멘탈은 의지력이나 마음가짐과는 다릅니다. 이것은 스스로에 대한 믿음이나 긍정적 사고방식, 즉 '나는 이 목표를 반드시 달성할 수 있어.'가 아니라, '나는 이러이러한 사람이야.'라는 마음가짐과 관련됩니다.

대부분 사람들이 목표에 대해 크게 착각하고 있는 것이 있습니다. 바로 '개성의 함정에 빠지는' 것이지요. 이는 자기만의 방식에 대한 믿음이 지나치게 강하기 때문입니다. 수많은 사람들이 자신을 '자유를 사랑한다.', '자율적으로 일할 때 더 큰 능력을 발휘한다.', '내 진가를 알아주는 곳이 있다면 능력을 200% 발휘할 수 있다.'라고 규정합니다. 물론 스스로가 억압받고 있다고 느낄 만큼 부자유스러운 곳에 있을 필요는 없습니다. 자신의 개성에 맞는 곳에서 보다 나은 생활을 하는 것이 인생의 궁극적 목표가 되어야겠지요.

하지만 이렇게 주장하는 사람들 중에는 끊임없이 자신과 타협하면서 변명만 일삼는 경우가 상당히 많습니다. "이런 일은 체질상 나와 맞지 않아.", "나는 꼼꼼한 건 질색이야. 그런 사소한 것에 일일이 신경 쓰면서 어떻게 살아?", "이건 너무 시시해. 나는 좀 더 그럴듯한 일을 하면서 살 거야." 하면서 말이지요.

아침에 일찍 일어나겠다는 약속을 어기고도 '어제 무리했으니까, 오늘은 푹 자는 편이 더 좋아.' 혹은 '나는 저녁형 인간이니까 아침에 일찍 일어나는 건 나와 맞지 않아.'라고 합리화시킵니다. 이런 사람들은 '지각하지 말자.'라는 목표조차 지키지 못할 가능성이 매우 큽니다. 학창시절, 학교에서 가장 가까운 곳에 사는 친구가 매일 지각을 하는 것처럼 말이지요.

이런 경우, 멘탈을 수정할 필요가 있습니다. 거창하게 들릴지 모르겠지만, 사실 멘탈을 바꾸는 방법은 아주 간단합니다. '나는 이런 사람이야.'라는 기준을 없애는 것이지요.

목표를 어기게 되면 대부분 사람들은 자신도 모르게 '어휴, 이번에도 실패했네. 난 대체 왜 이럴까?', '내가 이럴 줄 알았어.', '난 원래 이런 것과 맞지 않으니까.'라는 생각을 하게 됩니다. 하지만 멘탈을 바꾸고 싶다면, 마음속에서 이런 소리가 들려올 때 즉시 원고(검사)측 발언을 하면 됩니다.

'시끄러워, 입 다물고 있어! 넌 그저 약속을 못 지켰을 뿐이야. 다음부터 안 그러면 돼. 넌 원래 그런 사람이 아니니까!'라고요.

사람은 기계가 아닌 이상, 어떤 일을 하든지 크고 작은 실수를 반복합니다. 그런데 실수를 한 번 했다고 해서 의기소침해지고, 자신감을 상실하고, 자신을 실패자로 규정한다면, 세상에 성공한 사람은 한 사람도 없을 것입니다. 특히 무언가를 이루기 위해 노력하는 과정에서는 수많은 실패와 시행착오를 거칠 수밖에 없습니다. '실수하면서 배운다.'라는 말이 괜히 있는 것이 아닌 것처럼 말이지요.

약속을 지키지 못한 것, 목표를 달성하기 위해 해야 하는 일을 하지 못한 것은 어디까지나 현실(fact)일 뿐입니다. 다음에 반복하지 않으면 됩니다. 사실 반드시 지키겠다고 생각하고 죽어라 노력하면, 지키지 못할 계획이란 세상에 없습니다. 계획을 어기는 것보다 더 위험한 것은, 자신도 모르게 그런 현실을 당연하게 받아들이는 자기확신(self-image)입니다.

앞으로는 목표를 이루는 과정에서 어떤 실수나 시행착오를 겪더라도, '내가 하는 일이 다 그렇지, 뭐.', '난 항상 이 모양이야, 뭘 해도 안 돼.'라는 생각은 절대로 하지 말기를 바랍니다. 그렇게 생각하는 순간, 이미 여러분의 뇌는 여러분을 '뭘 해도 안 되는 사람', '발전 가능성이 없는 사람'으로 인식할 것입니다.

현대인들은 참 많은 것에 중독됩니다. 알코올중독, 마약 중독, 일중독……. 중독에서 깨어난 후는 어떨지 모르겠지 만, 무언가에 중독돼 있는 동안에는 큰 희열을 경험하기 때 문이지요. 위에서 예로 든 것은 부정적인 중독이지만, 사랑 이나 스포츠, 취미, 여가 등 긍정적인 중독도 얼마든지 많습 니다. 그러니 이왕 무언가에 중독될 거라면, 긍정적인 중독 에 빠져 인생을 보다 의미 있고 풍요롭게 가꾸는 것은 어떨 까요?

'성공도 해본 사람이 한다.'라는 말 역시 이와 같은 범주 에 속합니다. 아주 작은 것에서 일단 성공을 맛보고 나면, 그 기분을 다시 느끼고 싶어 과감히 도전하게 되고, 이런 경험 을 반복할수록 더 많은 성공을 경험할 확률이 높아진다는 것 이지요. 그런데 우리 주위에 의외로 '목표 중독자'가 많지 않은 것을 보면, 목표라는 놈이 어지간히 만만한 상대는 아닌 모양입니다. 하지만 목표에 즐겁게 중독되는 몇 가지 방법이 있습니다. 목표 설정이 곧 인생의 설계라고 한다면, 목표를 세울 때 신중에 신중을 기하게 되겠지요? 그렇다면, 목표에 중독되기 위해서는 어떤 식으로 목표를 세워야 할까요?

첫째, 작은 목표부터 세워 성공한 다음, 점차 큰 목표를 세워가야 합니다.

드라마나 영화에 나오는 대결구도를 살펴보면 한 가지 원칙을 발견할 수 있습니다. 팀 내에서의 경쟁을 거치고 나니 부서별 경쟁이, 그걸 넘으면 사내 경쟁이, 또 그걸 넘으면 타 기업과의 경쟁이 다가온다는 것입니다. 목표를 세울 때에도 마찬가지입니다. 처음부터 커다란 목표를 세울 것이 아니라, 작은 목표부터 세우고 하나하나 실현시키면서 점증적으로 큰 목표를 설계해나가는 것입니다. 자신의 미래나 커리어와 관련된 목표를 세울 때, 이 방법이 특히 유효합니다. 단, 목표에만 지나치게 집중하면 정작 자신이 '무엇 때문에 이 목표를 세우게 되었는지'를 잊어버릴 수도 있으므로, 주의해야 합니다. 그래서 목표를 세울 때에는 자신의 철학이나 가치관의 방향에 대해 상담해줄 멘토가 꼭 필요합니다.

둘째, 목표의 범위를 점점 넓혀가는 것입니다.

여러분은 학창시절, 매슬로우의 '욕구 5단계 이론'을 배웠을 것입니다. 생리적 욕구 – 안전의 욕구 – 소속과 사랑의 욕구 – 자존의 욕구 – 자아실현의 욕구 등 인간의 욕구는 단계별로 채워진다는 것입니다. 이 이론에 따르면, 사람은 소속과 사랑의 욕구가 채워지지 못하면 공허함을 느끼고 자신이 가치 없는 사람처럼 여겨진다고 합니다. 또한 자존의 욕구가 채워지지 않으면 성취, 독립, 자유를 느낄 수 없다고 합니다. 자아실현의 욕구가 채워지지 않으면 잠재력을 발휘할 수 없는데, 전체 인구의 1% 정도만이 자아실현의 욕구를 채우면서 산다고 합니다. 이왕 태어난 김에 자아실현 욕구까지 충족시켜보는 것, 의미 있다고 생각하지 않으세요?

물론 인생이 등수를 매기는 레이스는 아닙니다. 하지만 이왕 사는 인생, 나에게 좀 더 가치 있고 의미 있는 일을 하기 위해 노력하면서 산다면, 남들과 똑같은 신체와 정신을 가지고 똑같은 시간을 살더라도, 나를 보다 지혜롭게 성장시킬 수 있지 않을까요?

아침 일찍 일어나 책도 읽고, 오후에는 친구들과 신나게 놀고, 저녁에는 가족들과 외식을 하면 주말이 정말 길고 보람 있게 느껴집니다. 하지만 소파에 누워 종일 텔레비전만 본 날은 왠지 하루가 허무하고 무기력하게 느껴지지요. 심지어 나 자신이 개나 소가 된 것처럼 보잘것없게 느껴지기도 합니다. 하지만 더 중요한 것은, 그렇게 자존감을 상실한 채로 자신을 방치하면, 자아는 점점 더 작아진다는 것입니다.

슬로건을 위한
슬로건은 잊어버려라

주변을 보면, 자신의 목표를 포스트잇이나 쪽지에 적어 컴퓨터 옆에 붙여놓고 꼭 실천하겠다고 다짐하는 사람들이 있습니다. 흔히 이런 식으로 쓰지요. '3초 더 생각하고 말하자.', '인내는 쓰고 열매는 달다.', '할 수 있다!'……. 이런 것도 있습니다. '잡담 금지', '건드리지 마시오!'

이런 글을 써서 붙이는 사람들에게는 한 가지 공통점이 있습니다. 남들의 시선을 의식한다는 것이지요. 모두가 그런 것은 아니지만, 이런 사람들 중에는 '나는 이렇게 거창하고 위대한 목표를 세웠어. 어때? 대단하지 않아?'라고 주변 사람들에게 내심 자랑하고 싶어 하는 경우가 많습니다.

물론 책상 앞에 붙여둔 목표를 수시로 들여다보면서 새로운 각오를 하고 의지를 다지는 것은, 동기를 부여하기에 아주 좋은 방법입니다. 하지만 자칫 잘못하다가는 자신의 꿈을 위한 목표가 아닌 남들에게 보여주기 위한 목표, 자랑하기 위한 목표를 남발하게 될 수도 있으니 유의해야 합니다.

여러분은 이런 글을 붙여놓는 사람들 중에서 실제로 그 계획을 잘 실천해 뿌듯한 표정으로 쪽지를 떼어내는 경우를 본 적이 있나요? 아마 별로 없을 텐데요. 그래서 이런 목표를 일컬어 '습관성 목표'라고도 합니다. 자신이 진정으로 원해서가 아니라 '뭔가 해야 한다.'라는 강박관념 때문에, 혹은 '나는 뭔가를 하고 있다.'라는 것을 보여주기 위해 세운 목표라는 뜻이지요.

습관성 목표는 달성할 가능성이 적습니다. 그래서 이런 목표를 자주 세우는 사람일수록 무의식중에 '나는 목표를 제대로 달성하지 못한다.'라고 스스로에게 한계를 지을 가능성이 높습니다. 마치 국회의원의 공약(空約)처럼 지킬 수 없는 약속을 남발하게 되는 것이지요. 더 큰 문제점은, 시간이 지날수록 이런 '슬로건'을 내세우는 사람이나 이 '슬로건'을 지켜보는 사람 모두 문제의 심각성을 인식하지 못하게 된다는 것입니다.

그렇다면 진정한 목표란 어떻게 표현해야 할까요? 우리는 인생의 목표를 세 가지로 나누어보았습니다.

첫째, 인생의 미션과 비전

말이 참 거창하지요? 하지만 어렵게 생각하실 필요는 전혀 없습니다. 미션(Mission)이란 '너, 왜 태어났니?'에 대한 답, 비전(Vision)이란 '넌 앞으로 뭘 할 건데?'라는 질문에 대한 답이라고 생각하면 됩니다. 미션과 비전 설정에 대한 책은 이미 시중에 많이 나와 있으니, 본인에게 적합한 것을 한 권 골라서 읽어보시면 도움이 될 것입니다. 그리고 아직 인생의 중장기적 목표가 없는 분이라면 지금이라도 세우는 것이 좋습니다. 우리 클럽에 가입한 분들 중에도 인생의 미션과 비전을 세운 후에, 그동안 자신이 세워왔던 목표가 얼마나 '진심'과 먼 것이었는지 발견한 경우가 많았답니다. 내가 진정으로 원하는 것과, 내 인생의 미션과 비전이 일치하면 할수록, 미션과 비전을 실현할 가능성은 더 높아집니다.

주변을 보면, 종교를 가진 사람들이 자신이 원하는 바를 이루기 위해 더 열심히 노력하는 경우를 많이 봅니다. 물론 일부 사례만으로 전체를 규정해서는 안 되겠지만, 대체로 종교를 가진 사람들이 진심을 다해 노력하는 이유는 자신의 신앙을 통해 인생의 미션과 비전을 주기적으로 확인하기 때문인 것 같습니다. 나 자신과 주기적으로 만나고 자신의 삶을 돌아보는 시간을 가지는 것에는 분명 힘이 있습니다. 그러니 설령 종교가 없더라도, 내 가슴을 뛰게 하는 나의 꿈과 정기적으로 만나는 나름의 시간을 가진다면, 목표를 향한 동기가 더욱 강해질 것입니다.

둘째, 비전을 달성하기 위한 목표

'10년 뒤에 뮤지컬 배우가 되어 주연을 맡겠다.'라는 비전을 세웠다고 합시다. 그렇다면 이 비전을 이루기 위해 필요한 단계별 목표가 있을 것입니다. 우선 아마추어 작가의 작품에 먼저 주인공으로 출연한다든지, 주연급에 걸맞은 몸매를 만든다든지, 성량을 늘리기 위해 발성연습을 한다든지, 직접 시나리오를 완성해보는 노력 등이 필요하겠지요. 이런 단계별 목표를 세우기 위해서는 이 비전을 실현하기 위한 실질적인 정보와 지식을 알아야 할 것입니다.

주변을 보면 "내 나이가 몇인데 이 나이에 무슨 비전이냐?"라고 지레 포기하는 사람들도 있습니다. 하지만 '무엇이 되겠다.', '뭔가를 이루겠다.'라는 꿈을 가지는 데에는 정해진 시기가 없습니다. 물론 어렸을 때부터 시작하면 훨씬 유리할 수는 있겠지만, 그림을 그리면서 사는 사람과 흘러

가는 대로 사는 사람의 행보는 몇 년이 지나면 눈에 띄게 벌어져 있을 것입니다.

셋째, 궁극적인 목표를 실현하기 위한 실행계획

이 실행계획은 앞서 말한 '슬로건'과 관계가 있습니다. 실행계획을 세우다 보면 비전을 이루는 데 있어 가장 큰 걸림돌은 무엇인지, 반대로 가장 큰 디딤돌은 무엇인지 발견할 수 있을 것입니다.

예를 들어 '일단 결심을 하면 곧바로 실천하겠다.'라는 실행지침을 세운 사람은, 그동안 자꾸 뭉그적거리는 습관 때문에 목표를 실현하는 데 방해를 받았을 것입니다. '좀 더 따뜻하게, 긍정적으로 말한다.'라는 실행계획을 세운 사람은, 주변 사람들과 보다 원만하게 지내야 자신의 비전을 더 많은 사람들과 함께 실현해나갈 수 있다는 것을 알고 있을 것입니다.

앞에서 설명했듯, 즉각적이고 습관적으로 도출한 슬로건과 절실하고 진지하게 도출한 슬로건은 하늘과 땅 차이입니다. 후자를 택한 사람이 보다 뜨거운 마음으로 인생을 진지하게 살아갈 수 있다는 사실에는 모든 분들이 동의하시겠지요. 그리고 이런 슬로건이라면 남에게 보여주는 것으로 만족하지 않고, 자신의 눈으로 매일 확인하면서 끊임없이 스스로를 독려할 수 있도록 다이어리에 써둘 것입니다. 뿐만 아니라 주변 사람들에게 자신의 진심을 전하며 '내가 이 점은 정말 고치고 싶으니 도와주세요.'라고 더욱 적극적으로 다가설 것입니다. 이것이 바로 '보여주기 식 목표'와 '진심 어린 목표'의 차이점입니다.

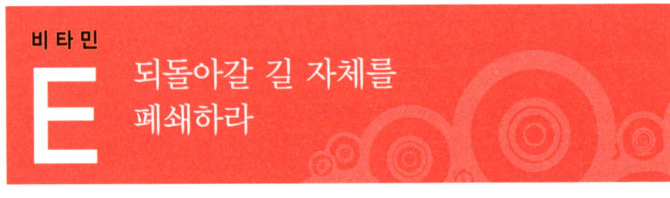

비 타 민

E
되돌아갈 길 자체를
폐쇄하라

세상에 나쁜 목표는 없습니다. '인류를 위해 봉사하겠다.' 라는 목표와 '살을 빼겠다.'라는 목표 사이에는 대상이 누구 인가의 차이만 있을 뿐, 궁극적으로는 모두 소중합니다. 현 재 실현하지 못하고 있는 것을 앞으로 이루겠다는 결심이니 까요. 다만 개인적인 목표를 하나둘 실현할수록 다음에 세 우는 목표의 범위가 점차 넓어진다는 것은 품격을 지닌 인 간으로서 당연한 귀결일 것입니다.

그런데 문제는 다른 데 있습니다. 대개 유능하다고 인정 받는 사람일수록, 주어진 업무는 똑 부러지게 처리하는데 개 인적으로 세운 목표는 제대로 실행하지 못하는 경우가 많습 니다. '일 때문에 바빠서', '몸이 열 개라도 모자라서' 등등 핑계는 많습니다. 물론 현대인들이 집에서, 가정에서 여러 가지 역할을 병행하느라 눈코 뜰 새 없이 바쁜 것은 사실입 니다. 굳이 직장생활에 국한하지 않더라도, 전업주부라면 가사 일과 아이들 뒤치다꺼리만으로도 눈이 빙빙 돌아갈 지경이지요.

그런데 이렇듯 '급하고 중요한 일' 혹은 '급하지만 별로 중요하지 않은 일'을 처리하는 동안, 정작 '정말 중요하지만 급하지는 않은 일'은 뒷전으로 밀리기 십상입니다. 스티븐 코비 박사가 '소중한 것을 먼저 하라.'라고 시간관리의 핵심을 강조한 바 있지만, 사람들은 '급하지 않다.'라는 이유만으로 너무나 쉽게 '내게 소중한 것'을 우선순위에서 밀어둡니다.

그런데 '급한 일'에 먼저 손이 가는 이유가 무엇인지 '목표의 심리학'과 연관 지어 생각해볼 필요가 있습니다. 그것은 바로 '도망칠 출구가 없기' 때문입니다. '내가 안 하면 안 되고, 지금 하지 않으면 안 되는' 그런 일이기 때문입니다.

중년 남성이 있습니다. 그는 한 회사를 운영하는 중소기업 사장입니다. 아침에 가장 일찍 출근해 조간신문을 훑어보고 직원들의 출근시간을 체크한 다음, 업무를 지시하고 거래처를 방문합니다. 일주일에 평균 네 번은 저녁약속을 잡아 술을 마시고 기름진 음식을 먹습니다.

'운동을 좀 해야 할 텐데.'라고 생각은 하지만 도저히 시간이 나지 않습니다. 가족들은 주말이면 나들이라도 가자고 아우성이지만, 그는 하루 종일 소파에 누워 텔레비전을 보는 것으로 휴식을 대신합니다.

그에게 급하고 중요한 것은 '회사일'입니다. 그런데 만약 그가 뇌경색으로 쓰러진다면 어떻게 될까요? 부인이 이혼을 요구해온다면 어떻게 될까요? 당연히 우선순위가 바뀔 것입니다. 회사 일을 내팽개치지는 않더라도, 방법을 찾아볼 것입니다. 급한 불을 꺼야 하니까요. 유능한 직원에게 업무의 상당 부분을 위임하고 웬만한 일은 서류상으로 처리한다든지, 출근 전에 반드시 운동을 한다든지, 주말에는 가족과 함께 시간을 보낸다든지 하는 식으로 말이지요.

똑같은 원리를 목표에 적용해봅시다. 중요한 목표를 이루고자 하는데 실행을 게을리하는 바람에 나쁜 일이 발생했다고 가정하고, 그에 맞게 스케줄과 주변환경을 재배치하는 것입니다. 일명 '비상구 봉쇄 작전'이지요.

군것질거리를 자꾸 사들이는 습관 때문에 다이어트에 방해가 된다면, 냉장고를 아주 작은 것으로 바꿉니다. 텔레비전을 보는 습관 때문에 자격증 공부를 하는 데 방해가 된다면, 텔레비전을 없애면 됩니다. 아침 일찍 일어나 운동하겠다는 결심이 자꾸 흐트러진다면, 월급을 통째로 부모님께 맡기고 헬스클럽에 갈 때마다 도장을 받아 와 월급을 탈 수도 있습니다.

너무 심하다고요? 흥미롭게도 대부분 클럽 회원들은 이 방법을 구상하는 것만으로도 크게 동기부여를 받았다고 고백했답니다.

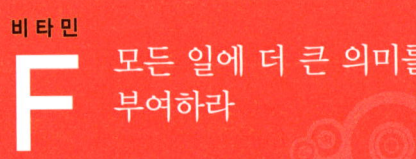

비 타 민

F 모든 일에 더 큰 의미를 부여하라

마더 테레사는 지금까지도 전 세계 사람들의 존경을 받는 '가장 아름다운 사람' 중 한 분입니다. 가히 성인(聖人)으로 칭송받는 그분의 열정과 신념, 그리고 자신을 아끼지 않는 사랑은 많은 이들의 귀감이 되고 있습니다.

누군가를 사랑하는 마음에는 대단한 힘이 숨어 있습니다. 아이에게 갑작스레 달려든 트럭을 어머니가 맨손으로 막아 냈다는 기록도 있습니다. 사랑에 관한 수많은 유행가는 '사랑에 빠지고 나서 다시 태어나게 되었다.'라고 말합니다. 그런데 연인과의 사랑, 자식을 향한 사랑, 친구와의 사랑도 중요하지만, 한 번도 본 적이 없는 불특정 다수를 향한 인류애 역시 사람의 마음을 움직이는 중요한 동력으로 작용합니다. 인간은 누군가에게 사랑을 받고, 또 사랑을 베풀고 싶은 강한 본능을 가지고 있기 때문이지요.

얼핏 생각하면 자신이 세운 목표는 철저히 자신만을 위한 것으로 여겨지기 쉽습니다. 하지만 깊이 들여다보면, 어떤 목표를 이룬다는 것은 이 세상에 거대한 선순환(善循環)의 흐름을 만드는 것과 같습니다. 사람들이 하나같이 목표를 달성하는 데 실패하고, 늘 스스로에 대한 불신과 실망감을 쌓아가며 우울한 모습을 하고 있다면, 곁에 있는 사람들도 그 영향을 받을 수밖에 없으니까요.

능력이 조금 부족한 사람도, '좋은 기업'에 들어가면 이전에는 자신에게 없을 거라 생각했던 놀라운 역량을 발휘하게 된다고 합니다. 이것을 '의지의 힘', '긍정적인 감정의 힘'이라고 표현해도 될 것입니다. 이것은 모두가 '된다, 된다'라고 외치며 진심으로 믿으면 '정말로 되는' 원리와 같습니다. 그러니 자신이 세운 목표에 '긍정의 힘'을 담는 습관을 들인다면, 더 많은 사람, 더 많은 에너지를 응원군으로 얻을 수 있을 것입니다. 그렇다면 모든 일에 더 큰 의미를 담는 방법에는 무엇이 있는지 살펴봅시다.

첫째, 목표 자체에 '철학적 깊이'를 담는 것입니다. 자신이 세운 목표를 실현했을 때 그것이 주변에 미칠 연쇄효과를 상상해본다면, 새삼 그 의미를 강하게 느낄 수 있을 것입니다. 세계적인 운동선수나 예술가나 기업가들을 보면, 대부분 자신이 최고가 됨으로써 '사회에 기여하겠다.'라는 목표의식을 가지고 있습니다. 자기 분야에서 1등이 되었을 때, 자신의 손으로 얼마나 많은 고용의 기회, 이윤 창출의 기회를 가질 수 있을지, 자신의 분야에서 역할모델이 됨으로써, 얼마나 많은 후세 사람들에게 용기와 힘을 줄 수 있을지 끊임없이 떠올려보는 것이지요. 이런 작업은 거창한 목표에만 적용되는 것이 아닙니다. '승진을 하겠다.'라는 목표를 세웠다면, 자신은 어떤 상사가 되고 싶은지 생각해보세요. '승진'이라는 목표에 충분한 동기를 부여할 수 있을 것입니다.

둘째, 목표를 이루었을 때 자신에게뿐 아니라 사회적 보상도 실시하는 것입니다. '나에게 얼마의 이익이 돌아올 것인가?'도 중요하지만, 목표를 이룸으로써 다른 사람들에게 어떤 도움을 줄 수 있을지 생각한다면, 앞서 말했던 '사랑의 힘'을 작용할 수 있습니다. 예를 들어, '5kg 감량'이라는 목표를 달성하면 그 목표를 실천하는 과정에서 절약했던 간식비를 모아 사회복지 단체에 기부하는 것이지요. '결식아동 돕기'라는 보상을 정했다면, 아이들의 사진과 목표 금액을 냉장고 앞에 붙여놓고 노력할 것입니다.

잭 니콜슨이 주연한 영화 '어바웃 슈미트(About Schmidt)'를 보면, 보험회사에서 은퇴한 주인공 슈미트가 평생을 바쳤던 직장, 그리고 가족에게서도 받을 수 없었던 생애 최고의 감동을 경험하고 눈물을 흘리는 장면이 인상적으로 그려집니다. 백발인 그를 목 놓아 울게 만든 사람은, 다름 아닌 탄자니아의 작은 흑인 꼬마 아이였습니다. 그는 누군가의 권유로 별 생각 없이 그 아이에게 하루 77센트를 후원하고 있었는데, 그 아이가 크레파스로 삐뚤빼뚤 그린 아저씨 그림에 '사랑해요.'라고 서툴게 써서 보내온 편지가 그를 오열하게 만든 것입니다.

이렇듯 목표란 무미건조하고 힘겹기만 한 과정이 아닙니다. 그 안에 사람과 사랑을 개입시키면, 그 자체만으로도 인생의 감동 프로젝트가 될 수 있습니다.

대부분 사람들이 목표를 세우는 방식을 한번 이야기해볼까요? 여러분도 공감하시겠지만, 지금 소개하는 내용은 '아, 맞아. 나도 이랬었지. 참 바보 같았네.'라고 쉽게 웃어넘길 일이 아니랍니다. 목표를 세우고 그것을 실행하는 방식에 이미 '실패할 수밖에 없는 요소'가 내포되어 있기 때문에, 진정으로 목표를 이루고자 한다면 이 두 가지 원칙을 중요한 반면교사로 삼아야 합니다.

첫째, 특정 월, 특정 일부터 시작하겠다고 다짐합니다.

사람들은 주로 새해가 되기 전에 목표를 많이 세웁니다. 우선 서점에 가서 근사한 다이어리를 하나 장만합니다. 그리고 제일 첫 페이지를 펼쳐 내년 한 해의 목표를 나열합니다. '새해에는 담배도 끊고, 다이어트도 하고, 6월에 있을 승진 대비도 하고……' 새해의 첫 태양으로부터 마치 새로운 몸과 영혼을 부여받기라도 한 것처럼, 심기일전하면서 결심하고 또 결심하지요. 그렇지만 속마음은 어떨까요? 작년에도, 재작년에도 그랬듯, 분명 이 목표들을 연말까지 이룰 수 없을 것이라는 잠재의식에 사로잡혀 있습니다. 그저 새해가 되면 습관적으로 반복하는 하나의 '행사'일 뿐입니다. 이 과정이 반복될수록 목표의 크기는 점점 커집니다.

인간은 신이 아닌 까닭에 절대 한 번에 여러 가지를 할 수 없다는 것을 잊지 말아야 합니다. 인간은 기계가 아니어서, 여러 가지를 모두 달성하면 양은 많아질지언정 질은 떨어질 수밖에 없습니다. 한 가지 목표를 이루기 위한 실행의 질이 떨어지면 다른 목표를 이루는 행동들도 자연스럽게 그 영향을 받게 됩니다. 그러므로 목표는 한 번에 하나씩, 순차적으로 설정하는 것이 좋습니다.

그리고 그 시작점은 결심한 바로 그날이 되어야 합니다. 물론 충동적으로 결심하고 시행하는 것보다, 깊은 동기부여가 된 상태에서 실천하는 것이 효과적인 것은 사실입니다. 하지만, '모든 것이 준비되면 시작해야지.'라고 생각하기보다는 '일단 시작하고 상황에 따라 필요한 것을 준비해야지.'라고 생각하는 것이 훨씬 좋습니다.

'월요일부터', '다음 달 1일부터'라는 식으로 숫자에만 연연하다가는, 목표를 향한 의지가 식어버릴지도 모릅니다.

둘째, 실패하면 다시 처음부터 시작하려 합니다.

금연을 예로 들어봅시다. 모진 마음을 먹고 담배를 끊겠다고 결심한 지 사흘째, 모처럼 참석한 술자리에서 충동적으로 한 대를 피우고 말았습니다. 그러면 어떻게 할까요? 대개 사람들은 '금연에 실패했다.'라고 생각해 처음부터 다시 시작하려 합니다. '금연 사흘째'가 다시 '금연 첫 날'이 되는 것이지요.

하지만 목표경영 전문가들은 그렇게 하지 말라고 강조합니다. 실패한 것은 생각하지 말고, 바로 다음 날부터 금연 사흘째를 시작하라는 것입니다. 물론 중간에 한 번 실패했다는 것은 '지금까지 해온 방법으로는 목표를 달성하기 힘들다.'라는 증거이기도 하므로, 더 강하거나 새로운 방법을 마련하고 싶은 생각이 드는 것은 당연합니다. 하지만 한 번 실패했다고 해서 모든 것이 끝났다고 규정하고 다시 처음부터 시작하는 것은, 실패가 불러오는 부정적인 힘을 더욱 극대화하는 것에 불과합니다.

에디슨은 전구를 개발하는 동안 수백 번이 넘는 실패를 했다고 합니다. 주변 사람들이 "어떻게 그렇게 잦은 실패에도 좌절하지 않았느냐?"고 물었을 때 에디슨은 이렇게 대답했습니다. "나는 실패한 것이 아닙니다. 단지 전구를 만들 수 없는 수백 가지 방법을 터득했을 뿐입니다."

목표경영 전문가들은 '많이 실패한 사람일수록 그 목표를 이룰 가능성이 크다.'라고 말합니다. 실패를 통해 자신의 본모습을 더욱 잘 알 수 있기 때문입니다. 실패만이 '무엇이 자신을 방해하는지' 알 수 있는 유일한 방도입니다. 지혜로운 목표경영자는 실패를 통해 더욱 정확한 길을 찾아가는 반면, 어리석은 사람은 실패할 때마다 자신의 무기력함을 재확인하고 거기에 굴복한다는 사실을 명심하세요.

L

더 많이 배우고
더 많이 감사하라

'아는 것이 힘'이라고도 하고 '아는 것이 병'이라고도 합니다. 어느 쪽이 맞는 말일까요? 이 두 가지 말은, '물이 반이나 남았다.'와 '물이 반밖에 남지 않았다.'의 차이와 비슷한 의미를 지닙니다. 어떤 시각으로 보고 어떤 관점으로 생각하느냐에 따라 같은 물건, 같은 현상, 같은 상황도 다르게 인식하고, 다르게 판단하고, 다르게 받아들인다는 뜻입니다. 아는 것이 '힘'으로 작용하는 사람과 아는 것이 '병'으로 작용하는 사람에게는 어떤 차이점이 있는지, 지금부터 살펴보겠습니다.

첫 번째 사람은 '상황을 부인하기 위해' 정보를 수집합니다. 그리고 이렇게 말합니다. "거 봐. 목표를 달성하고 원하던 성공을 이룬다고 해서 모두 다 행복해지는 것은 아니야.", "저 사람들은 세상과 타협하고 불의를 용납했기 때문에 성공할 수 있었던 거야.", "운이 억세게 좋았거나 백이 있었을 거야. 저런 환경에서는 절대 혼자 힘으로 성공할 수 없으니까." 이들은 정보를 수집하면 할수록, 목표를 이룬다는 것의 의미를 잃어갑니다.

두 번째 사람은 '상황을 개선하기 위해' 정보를 수집합니다. 이들은 이렇게 말합니다. "저 사람은 어떻게 힘든 환경에서도 성공할 수 있었을까?", "저 사람을 지금의 자리에 오르도록 만든 힘은 무엇일까? 내가 배울 만한 것은 무엇일까? 나는 지금 내가 처한 상황에서 무엇을 할 수 있을까?"

세 번째 사람도 있습니다. 주변 사람들이 끊임없이 노력하고 반추하고, 내일을 계획하고 시행착오를 겪으며 하루하루 성장하는 모습을 그저 빤히 지켜보면서, '너는 혼자 그렇게 아등바등 살아라. 나는 나대로 편하게 살다 가겠다.'라며 시큰둥해하는 것입니다.

심리학의 관점에서 본다면, 첫 번째 사람은 부정적 투사를 통해 내면에 부정성을 키워가는 사람입니다. 그에게는 매사가 분노, 적대심, 두려움, 불안감으로 다가올 수밖에 없습니다. 두 번째 사람은 긍정적 투사를 통해 자신을 성장시키는 사람입니다. 이런 사람의 마음속에는 칭찬, 희망, 생명력, 활력의 씨앗이 자라고 있을 것입니다. 세 번째 사람은 모든 감정과 행동의 씨앗이 죽어버린 사람입니다. 긴장이 풀리다 못해 감정의 신경이 거의 죽어버린, 심리만큼은 식물인간인 것이지요. 여러분은 어떤 사람이 되고 싶으신가요?

'목표는 무슨 목표야? 정말 귀찮아.', '천년만년 살 것도 아닌데 왜들 저렇게 힘들게 사는 거지?', '나이가 들면 놀지도 못 해. 한 살이라도 젊을 때 실컷 즐겨야지.', '개천에서 용 나는 시대는 이미 지났어. 내가 아무리 노력한다 해도 세상은 바뀌지 않을 거야.' 이런 생각을 하며 살아가는 것이 불가능한 일은 아닙니다. 또한 아무 생각 없이 사는 삶에도, 그 나름의 즐거움이 있을 수는 있습니다.

하지만 세상이 흥미로운 것은 내가 어떤 선택을 하고 어느 쪽으로 가느냐에 따라, 세상도 함께 변해가기 때문은 아닐까요? 내가 다가가는 만큼 세상도 나에게 다가온다는 것, 그것이 우리 인생을 더욱 흥미롭게 하는 요인이 아닐까 생각해봅니다.

우리는 지금도 충분히 많은 것을 가지고 있습니다. 나보다 더 많은 것을 가진 사람을 보면서 '나도 저렇게 되어야지.'라고 의지를 다지는 것도 좋지만, 때로는 나보다 못한 사람들을 보면서 '저들을 위해 내가 뭔가 해줄 수 있는 것은 없을까?'를 고민하는 것도 무척 의미 있는 일입니다. 누군가가 인생을 설계하는 데 있어 나의 경험담을 소중한 길잡이로 활용한다면, 그것이 설령 실패담이라 하더라도, 그 경험은 어떤 성공담보다 가치 있을 것입니다.

지금 이 순간부터 더 많이 배우고 더 많이 감사합시다. 그리고 내가 경험한 실패와 성공을 더 많은 사람들과 나눕시다. '목표달성 클럽'에서 다시 만날 날을 기약하며, 여러분 모두의 건투를 빕니다.

1년 후

어느 화창한 토요일 오후. 뱃살공주는 거울 앞에서 한껏 멋을 내고 집을 나섰다. 광화문으로 향하는 발걸음이 무척이나 가벼웠다. 이날은 '목표달성 클럽'에 가입한 지 1년이 되는 날이자, 지난번에 함께 MT를 다녀온 후로 10개월 만에 회원들이 한자리에 모이는 날이었다. MT를 다녀오고 나서 1년여가 지나도록 회원들을 한 번도 만나지 못해, 다른 사람들이 무척이나 보고 싶었다. 몇 번 만날 기회가 있었지만, 회원 전원이 목표경영에 성공하고 나서 1주년이 되는 해에 거국적으로 모이는 것이 더 좋지 않겠느냐는 의견이 나와, 지금까지 미루고 있었던 것이다.

그녀는 지난 10개월 동안 그 어느 때보다 열심히 다이어트를 실천했다. 안 하던 운동을 하고 식사량도 조금씩 줄이니 처음에는 무척 힘들었다. 무엇보다 단 음식을 좋아하기에 시도 때도 없이 떠오르는 촉촉한 시폰케이크와 폭신폭신한 카스텔라, 설탕과 코코넛가루를 솔솔 뿌린 도넛을 참기가 너무나 괴로웠다. 포기하고 싶은 마음이 치밀어오를 때도 많았지만, 내가 왜 살을 빼야 하는지 수시로 떠올리며 즐겁게 운동한 결과, 그녀는 9kg 감량에 성공할 수 있었다. 이렇게 다이어트에 성공하니 이제는 어떤 일도 할 수 있을 것 같은 자신감이 생겨 하루하루가 즐거웠다. 오늘 입은 의상과 지금 자신의 모습이 무척 마음에 들어서인지, 지나가는 사람들이 왠지 자신만 쳐다보는 것 같았다.

예전에는 백화점이나 옷가게에 가도 구경만 하고 나와야 했다. 가격도 가격이지만 마음에 드는 옷을 골라도 자신에게 맞는 사이즈가 거의 없었기 때문이다. 몸에 맞는 옷이 있어도 마네킹이 입은 것과 같은 맵시가 나지 않아 옷을 사는 재미도 없었고, 사람들이 자신의 그런 모습을 본다는 것이 싫었다. 하지만 이제는 달랐다. 구경만 하고 지나쳐야 했던 옷들을 다 입을 수도 있다는 생각에 마음이 뿌듯하다. 그리고 자신이 무척 자랑스러웠다.

약속장소에 도착해 실내를 두리번거리니, 창가 쪽 테이블에 두 사람이 이야기를 나누고 있는 모습이 보였다.

"여기예요!"

가까이 다가간 뱃살공주는 깜짝 놀랐다. 줌마렐라와 취업성공 모두 길에서 마주치면 몰라볼 정도로, 그동안 스타일이 완전히 바뀌어 있었다. 믿을 수가 없었다. MT 때 본 줌마렐라는 누가 봐도 결혼 10년차 주부였는데, 지금은 아주 세련된 모습을 하고 있었다. 깔끔한 정장 차림을 한 취업성공 역시, 단번에 신입사원이라는 것을 눈치 챌 수 있을 정도였다.

"못 본 사이에 왜 이렇게 예뻐졌어요? 아줌마 티가 하나도 안 나네. 누가 보면 잘 나가는 커리어우먼인 줄 알겠어요. 취업성공 님도 마찬가지고. 좋은 데 취직했나 봐요. 이제 제법 사회인 티가 나네요."

"그러는 누나야말로 너무 예뻐져서 못 알아보겠어요. 살이 진짜 많이 빠졌네요. 회사에서 인기 많으시겠어요."

세 사람은 정신없이 이야기꽃을 피웠다. 줌마렐라는 직접 만들어온 쿠키와 케이크를 꺼냈다. 처음 계획했던 5개월을 조금 넘기기는 했지만 목표대로 베이커리 자격증을 취득해,

지금은 동네 빵집에서 제빵사로 근무하고 있었다. 대형 프랜차이즈 베이커리는 아니지만 지역에서는 나름대로 유명한 가게여서 배울 것이 많다고 했다. 처음 3개월은 업무 보조만 하다가, 얼마 전부터 쿠키와 롤 케이크를 자신이 직접 만들게 되었다는 그녀의 얼굴에 화색이 돌았다.

"그저 자격증을 따고 취업을 했을 뿐인데, 하루가 완전히 바뀐 거 있죠? 내가 만든 빵이 다른 직원들이 만든 빵과 나란히 진열돼 있는 걸 보는 그 기분이란, 정말이지 해보지 않은 사람은 모른다니까요. 내가 만든 쿠키가 처음 팔리던 날은 왜 그리 기분이 좋던지, 자격증을 따기 전에도 빵을 만들면 주변 사람들에게 '맛있다'는 소리를 여러 번 들었지만, 전혀 모르는 사람이 내 빵을 먹으면서 맛있다는 말을 하고, 그걸 사 가는 모습을 보니까 정말 짜릿했어요. 내 일이 생긴 것도 좋고 돈 버는 것도 좋지만, 무엇보다 내가 가진 재능으로 인정받는다는 사실이 너무 뿌듯했어요. 매장에서는 누구 엄마, 누구 와이프가 아니라 내 이름으로 불리니까 그것도 기분 좋고요."

취업성공은 두 달 전 취업에 성공해 홍보팀에서 근무하고 있었다. 내로라하는 대기업은 아니지만 얼마 전 히트상품을 출시해 소비자 만족도 평가에서 좋은 점수를 받은 기업이었다.

"줌마렐라 님 얘기가 저한테도 해당되네요. 저도 출근하려고 지하철을 탈 때마다 너무너무 뿌듯하거든요. 내가 일할 곳이 있고, 내가 할 일이 있다는 것. 그리고 나를 믿고 채용한 회사가 있다는 사실을 떠올리면 가끔씩 말로 표현할 수 없을 만큼 행복해질 때가 있어요. 솔직히 야근하는 건 힘들지만, 그래도 퇴근할 때 상사들이 '오늘 잘 했다.', '수고했다.'라고 웃으면서 한마디 해주시면 그게 그렇게 힘이 되더라고요. 시간이 지나다 보면 이런 감정도 점차 희미해지겠지만, 최대한 오랫동안 초심을 지키려고요."

잠시 후에 도착한 절대금연 역시, 금연에 성공하고 나서 부인과 아이에게 점수를 톡톡히 땄다고 자랑을 늘어놓았다. 아닌 게 아니라, 지난 MT 때보다 얼굴이 한결 밝고 혈색도 좋아 보였다.

"다들 성공하실 거라고 믿었어요. 저도 성공했으니까요. 지금도 회사 동료들 중에는 담배로 저를 유혹하는 친구들이 있긴 하지만, 어쨌든 제가 금연에 성공하니까 자극을 받았는지, 부하직원 한 명도 금연하겠다고 선포를 하더라고요.

그래서 우리 클럽에서 배운 노하우를 하나씩 전해줬죠. 덕분에 일주일 동안 점심을 공짜로 해결했어요. 물론 이 친구가 일도 잘하지만, 담배 끊겠다고 열심히 노력하는 모습을 보니까 예전보다 더 괜찮아 보인다고나 할까? 목표를 세워서 하나씩 실천해가는 모습을 보니 믿음직스럽기도 하고……. 클럽에서 배운 건 분명 '목표 달성하기'인데, 어쩌다보니 부하직원들에게 멘토 역할까지 하게 됐네요, 하하!"

네 사람은 각자의 목표가 모두 이루어진 것을 신기하게 생각하며 대화를 나누었다. 불과 1년 전까지만 해도 자신이 이렇게 변할 것이라고는 상상하지 못했기에, 이 시간이 마치 꿈만 같았다. 네 사람 모두 친구에게, 회사 동료들에게, 이웃들에게 목표경영 노하우를 전수하는 전문가가 되어 있음은 말할 필요가 없었다.

'목표를 제대로 세우는 법만 알았어도 이렇게 허송세월하지는 않았을 텐데. 하지만 이제라도 알게 된 게 어디야? 앞으로 내가 원하는 것은 무엇이든 이루고 말 거야.'

말은 하지 않았지만, 네 사람 모두 같은 생각을 하고 있었다.

하고 싶은 것도, 되고 싶은 것도 많은 열정적인 당신에게

이 책은 네 명의 등장인물인 '뱃살공주', '절대금연', '취업성공', '줌마렐라'가 인터넷 클럽에 가입하고, 클럽을 통해 목표를 제대로 세우는 방법을 익힘으로써 자신의 꿈을 이루어가는 과정을 그리고 있습니다. 자신의 목표가 무엇이며 왜 이러한 목표를 세웠는지 깨닫고, 그 목표를 이루기 위한 전략을 세우고, 그 전략을 바탕으로 구체적인 실천계획을 세우는 과정을 독자들에게 보다 쉽게 전달하고자, 클럽 운영자인 구루를 통해 메시지를 전달하는 형식을 택했습니다. 따라서 목표를 제대로 세우는 법을 빨리 익히고 싶은 독자라면, 구루의 설명만 따로 떼어 읽어도 무방합니다. 독자들이 목표를 경영하는 과정을 재미있게 이해할 수 있도록 돕고자 스토리텔링 형식으로 집필하였지만, 저자가 전문 작가가 아니어서 내용 전개 등이 어색할 수도 있으니 양해를 바랍니다. 등장인물들의 목표를 '다이어트, 금연, 취업, 자격증 취득'으로 설정한 것은, 이 네 가지 목표는 누구나 한 번쯤은 시도해본 전 국민의 목표이자, 젊은이들의 최대 관심사이기 때문입니다. 아마 독자 여러분도 이 네 가지 목표 가운데 한 가지 정도는 세워본 경험이 있을 것입니다.

많은 사람들이 자신의 목표를 실현하기 위해 지금 이 시간에도 전력질주하고 있습니다. 하지만 한 달도 못 되어 스스로를 원망하며 절망합니다. 그리고 다음 주, 다음 달, 내년을 기다리며 '이번에도 실패하면 내가 성을 간다!' 라고 속으로 굳게 다짐합니다. 대체 목표가 무엇이기에 수많은 사람들이 이토록 매달리는 것일까요? 무엇 때문에 번번이 실패하게 되는 것일까요?

수많은 자기계발서는 의지의 힘을 강조합니다. 어떤 유혹에도 흔들리지 않도록 강한 정신으로 무장하고, 목표를 향해 돌진하라고 외칩니다. 실패는 성공의 어머니다, 인내는 쓰고 열매는 달다, 진정한 노력은 배신하지 않는다……. 힘들어서 잠깐 멈추고 싶을 때마다 그래서는 안 된다고, 아무리 고통스러워도 쉬지 않고 달리라고 부르짖습니다. 하지만 그럴수록 목표는 점점 멀어져가고, 우리는 의욕을 상실합니다. 그리고 이렇게 생각하지요. '내가 왜 이렇게 힘들게 살아야 해? 확실하지도 않은 미래를 기대하며 현실을 고통스럽게 사느니, 차라리 즐겁게 살다가 죽겠어.'

여러분이 분명히 아셔야 하는 사실은 목표를 달성하는 과정은 절대 힘들고 고통스러운 가시밭길이 아니라는 것입니다. 고통은커녕 세상에서 가장 즐겁고 신나는 놀이입니다. 무엇이든 자신이 원하는 모습으로 변신할 수 있는데, 어찌 즐겁지 않을 수 있겠습니까?

문제는 방법입니다. 목표를 정확하게 세우는 방법만 알면, 세상에 이루지 못할 목표는 없습니다. 의지도 중요하긴 하지만, 절대적인 것은 아닙니다. 적어도 독자 여러분만큼은 "나는 의지가 약해서 못해요."라는 말을 더 이상 하지 마시기 바랍니다.

이 책에서 소개하는 '목표경영 3단계' 공식은 개인의 목표뿐만 아니라 업무에서도 얼마든지 활용할 수 있습니다. 중요한 프로젝트를 추진 중이라면, 빠른 시일 내에 승진을 하고 싶다면, 실적을 달성하고 싶다면, 목표 – 전략 – 실천계획을 세워 '경영'해보시기 바랍니다. 아마 지금까지 지겹고, 귀찮고, 힘들기만 했던 업무가 재미있는 놀이처럼 느껴지실 것입니다.

독자 여러분 모두가 '일단 시작만 하면 무조건 이루어지는' 목표경영의 놀라운 힘을 통해, 원하는 모든 것을 이루시기를 바랍니다.

지은이 | 류랑도(ryu@theperformance.co.kr)

《하이퍼포머》를 통해 대한민국 직장인들에게 일에 대한 새로운 기준을 제시했던 류랑도 대표가, 이번에는 전 국민의 목표 달성을 위해 새로운 방정식을 제시했다. '어떻게 하면 내가 반드시 이루고 싶은 꿈, 성취하고자 하는 목표를 보다 쉽게, 효과적으로, 경제적으로 달성할 수 있을까?'라는 사람들의 고민을 해소하기 위해서이다.

그는, 사람들이 목표달성에 실패하는 가장 큰 원인은 '개인의 의지박약'이 아닌 '목표를 세우는 방법을 모르기 때문'이라고 강조한다. '자신에게 필요한 목표와, 그 목표를 이루기 위한 전략과, 그 전략을 실현시킬 실천계획'을 제대로 세우지 못하면 아무리 의지가 충만해도 목표를 이룰 수 없다는 것이다. 의지는 목표달성을 위한 필요조건이지 충분조건이 아니라는 저자의 주장은, 그동안 자신의 의지박약과 끈기 부족을 탓하며 수차례 절망했던 대한민국 99%에게 '나도 얼마든지 목표를 달성할 수 있다'라는 자신감과 용기를 주기에 충분하다.

'더 퍼포먼스' 대표 컨설턴트이자 '성과경영' 전문가인 저자는 현재 전경련, 한국생산성본부, 중앙공무원교육원 등에서 정기적인 공개강의를 맡는 외에도 여러 기업들의 성과경영 시스템과 성과리더십 구축, 성과목표 경영 플래닝 등 활발한 프로젝트들을 전담해 진행 중이다. 지은 책으로는 《하이퍼포머》, 《하이퍼포머 팀장매뉴얼》, 《성과 중심의 리더십》, 《성과 중심의 기업과 사회》, 《통합성과경영시스템》 등이 있다.

이기는 습관

전옥표 지음 | 12,000원

애니콜, 하우젠 신화를 만든 마케팅 달인이자, 꼴찌조직을 1등으로 끌어올린 명사령관 전옥표가 말하는 '총알같은 실행력과 귀신같은 전략으로 뭉친 1등 조직의 비결'. 동사형 조직, 지독한 프로세스, 규범이 있는 조직문화 등 실천적인 지침을 담았다. (추천 : 경영자에겐 조직단련의 방법론, 직원에겐 행동강령을 제시해줄 일터의 필독서)

하이퍼포머

류랑도 지음 | 12,000원

뛰어난 성과와 열정으로 무장한 인재, '하이퍼포머'. 이 책은 하이퍼포머의 일하는 습관, 성과를 내는 방식, 직장 내에서의 커뮤니케이션 방식 등 핵심적인 노하우만을 뽑았다. '성과경영' 전도사인 저자 류랑도가 기업과 개인을 가르치며 얻은 엑기스만 모은 책. (추천 : 팀원들에게, 성과에 대한 투철한 마인드와 행동이 잡히는 책)

비서처럼 하라

조관일 지음 | 12,000원

삼성그룹 사장단의 47%가 비서실 출신. 회사의 핵심인재이자 히든 브레인, CEO의 비밀병기이자 준비된 1인자, 비서들의 10가지 행동방식을 통해 '비서처럼' 일해야 하는 이유와 그 결과를 명확히 정리한다. (추천 : 사회초년생에게는 올바른 성공의 길을 알려주고, 힘껏 달려온 상사에게는 따뜻한 위로와 공감을 주는 책)

기적의 비전 워크숍

자크 호로비츠 외 지음 | 김시경 옮김 | 17,000원

위대한 기업으로 가는 1박 2일 꿈의 프로젝트! 조직이 품은 꿈을 달성하게 해줄 '비전 워크숍'의 비법을 '하우스모델'과 함께 소개한다. 비전을 통해 모든 구성원의 열정과 헌신을 이끌어내고, 기적 같은 변화를 경험하게 해줄 '비전수립의 결정판'이자 최고의 가이드 북이다. (추천 : 비전에 관한 모든 것을 알려주는 최적화된 1박 2일 워크숍 프로그램)

을의 생존법

임정섭 지음 | 13,000원

비정하고 냉혹한 비즈니스 세계에서 살아남기 위해 갑과 경쟁하는 을들에게 보내는 응원의 메시지이자 강력한 전략서. 대한민국 비즈니스를 이끄는 진정한 주체가 '을'임을 일깨워줄뿐더러 실질적인 생존 전략에 대한 조언을 담고 있다. (추천 : 갑과 을, 모두를 알아야 비즈니스 세계를 제패할 수 있다. 성공을 꿈꾸는 사람들의 필독서)

유혹과 조종의 기술 – 비즈니스 정글에서 승리하는 여자들의 성공법칙
니나 디세사 지음 | 이현주 옮김 | 13,000원

세계 최대 광고회사의 여성 CEO인 저자가 남자들이 득실대는 비즈니스 정글에서 터득한, '싸우지 않고 당당하게 성공을 쟁취해내는 유혹과 조종의 기술'! 남성 중심의 조직에서 제대로 승리하는 통쾌한 방법들이 압권이다. 美 아마존 베스트셀러 1위(비즈니스 분야). (추천 : 여성 직장인 혹은 리더라면 반드시 읽어야 할 필독서)

행복한 사람
토드 홉킨스 · 레이 힐버트 지음 | 최지아 옮김 | 12,000원

읽다 보면 저절로 행복해지는 책. 주인공 매튜가 인생의 멘토 찰스를 만나서 겪게 되는 기적의 이야기를 통해 인생의 참된 축복, 인생이라는 선물을 진심으로 만끽하는 법, 진정한 행복에 이르는 법을 배운다. (추천 : 착하고 따뜻한 스토리에 코끝이 찡해지고 바싹 마른 마음이 촉촉해진다. 크리스천이라면 반드시 읽어야 할 필독서)

에너지 버스
존 고든 지음 | 유영만 · 이수경 옮김 | 10,000원

당신의 인생과 당신의 일터를 열정의 도가니로 만들어줄 책! 삶과 비즈니스의 소중한 교훈이 한 편의 스토리 속에 고스란히 녹아 있어, '에너지 뱀파이어'들로부터 자신을 보호하고, 무한의 열정 에너지를 주위 사람들에게 전파시키는 신나는 인생을 사는 방법을 잘 알려준다. (추천 : 조직 활성화와 팀워크 증진에 탁월한 도움을 주는 책)

성공명언 1001
토머스 J. 빌로드 엮음 | 안진환 옮김 | 18,000원

평생 읽어야 할 동서고금의 명저 1001권을 요약한 듯, 정수만 뽑아 음미한다! 공자, 노자, 소크라테스, 스티븐 코비, 피터 드러커… 인류 역사상 가장 위대한 성취자들이 평생에 걸쳐 얻은 인생의 지혜가 담긴 명문장 1001가지를 영한대역으로 모았다. (추천 : 작가, 강사, 카피라이터 등 글쓰기, 영어논술, 영어토론 준비에 좋은 책)

먹히는 말
프랭크 런츠 지음 | 채은진 · 이화신 옮김 | 15,000원

미국 최고의 언어코치 런츠 박사가 말하는 효과적인 언어 규칙. 청자의 무의식에 침투해 사고를 장악하고 행동을 이끌어내는 말의 실체, 대중을 사로잡는 커뮤니케이션 10가지 전략을 제시한다. (추천 : 교사, 강사, 정치가, 프레젠터, 판매사원 등 마음을 움직이고 행동을 이끌어내는 커뮤니케이션이 필요한 모든 사람을 위한 책)